リュウ・ブックス
アステ新書

RYU
BOOKS
ASTI

取締役になれる人 部課長で終わる人

上之郷利昭

まえがき

サラリーマンの関心は「人事」に尽きるといってはいい過ぎだろうか。読者諸氏も、胸に手を当てて考えてみていただきたい。建前としては、いろいろなことがいわれるだろう。企業の発展について、経営の活性化について、時代の流れと社会性、国際関係、貿易摩擦……それらについてもサラリーマンたちは強い関心を抱いており、自分のなすべき仕事の重要な部分であると考えているはずである。

しかし、それらすべてのことは「人事」一つでどこかへ吹っ飛んでしまう。

もし、会社の中枢から外れるようなことになれば、会社の発展も経営の活性化も、関係がなくなってしまう。いくら会社の発展について考えても、「お前はもう、そういうことに口出しをしなくていいんだ」といわれるような立場に追いやられれば、それどころではなくなるからである。

左遷や昇進や転出など、「人事」のことに話題がいくと、表向きにはみんな「そんなこと……」という表情をしてみせる。しかし、酒場におけるサラリーマンたちの話題を聞けばわかるように、サラリーマンの最大の関心は、本音では人事である。そして、そのことは決して不自然でも、はしたないことでもない。

どんなにいい仕事をしようとしても、ポストを外されてしまえば何もできない。家庭の安定や幸不幸も、世間の見方や評価も、人事一つで天と地ほども違うとするならば、あるいは極端ない い方かもしれないが、サラリーマンの人生の浮沈が人事一つで決まるとすれば、サラリーマンの「本音」における最大の関心が人事であったとしても、何ら恥ずべきことではないはずだ。

そして、サラリーマンとしての人生を歩みだした以上、出世できるか否かは、われわれの人生を左右する大きな問題である。出世というのは「偉くなって、威張る」ということでは決してない。重要なポストに就くということは、それだけ大きな権限を持って、重要な仕事をすることができるということである。

サラリーマンである以上、自分のポストや処遇、個人としての栄達に関心を抱いたからといって決して非難されるべきことではない。しかし、男子として生まれ、学問をして社会に出た以上、評価される仕事、尊敬される仕事、一目置かれる仕事を、一つや二つ、したいと思うのもまた、サラリーマンの生き甲斐ではあるまいか。大きな仕事、いい仕事をしようと思えば、予算も人も使えて権限のあるポストに就かなくてはならない。

係長も価値はある。しかし、係長よりは取締役のほうがはるかに大きな仕事ができるはずである。

だから、課長や部長で止まってしまうのか、取締役まで昇進できるのか、同じ取締役でも常務、専務、副社長、社長……と階段を昇ることができるのか。サラリーマンにとっては人生を左右する重要な岐路である。

では、その「差」はどこから出てくるのか。どんな人が取締役まで昇進でき、どんな人が、なぜ課長や部長で止まってしまうのか。その条件を具体的に伝授、指南しようというのが、本書の目的である。

しかもそれは、空理空論ではない。今日のビジネスで活躍しているリーダーたち、読者諸氏もよく名前を知っている、それこそ「取締役」たちにふんだんに登場してもらって、なぜ彼らが取締役になることができたのか、どうすれば取締役になれるか、失敗した人たちはどんなことで失敗したのか、なぜ偉くなれなかったのか……などについて彼ら取締役自身の体験をとおした、具体的なエピソードを紹介しながら、その貴重なノウハウを紹介し、伝授しようというわけである。

「ポストレス（ポストが無い）の時代」といわれて久しい。低成長下の大企業では、課長になるのさえもかなり難しいという状況である。その激しいサラリーマン戦争を生き抜く秘訣は何か。エグゼクティブたちの体験が豊富に語られ、盛り込まれた本書から学びとっていただきたい。

二〇〇三年九月

上之郷利昭《かみのごうとしあき》

目次

取締役になれる人の仕事術、人間学

こんな人は取締役になれない

第2章　社長はあなたのここを見ている

抜擢されるか弾かれるか、これが基準

第3章　取締役に求められる人間的条件

第5章　取締役になるまで何を勉強するか

第1章　取締役になれる人、なれない人

「取締役」この肩書は何を意味するのか

◉中間管理職とはここが大きく違う

「サラリーマンは取締役になって初めて男になる」という言葉がある。しかし「失われた一〇年」を超えてもまだ不況の先が見えない今日、安定雇用はあっけなく崩れ、定年まで勤め上げることさえ大変である。何とか会社に残れても声高に能力主義などが叫ばれるようになり、サラリーマンの世界は厳しさを増している。それでもやはり、あるいはそれだからこそ、サラリーマンなら誰しも「取締役」という肩書に大きな魅力を感じるものだ。

では、「取締役」の何が魅力なのかといえば、人それぞれの個人的な理由はあるだろうが、煎じ詰めれば結局、「経営陣に加わる」ということに集約される。それはすなわち、「宮仕え」から「経営者」になるということである。

よく、平社員を含めた全社員に「経営感覚をもて」「経営者として考え、行動しろ」といい、「全員経営」を標榜する企業があるが、部下もいなければカネもなく、はたまた権限もない社員が「経営者」だといわれても、それは絵に描いた餅のようなものだ。

法律上の経営者とは、株主から企業の経営を委託された人間のことであり、それが取締役である。つまり、取締役は経営責任者ということになる。責任のあるところには権限もある。雇用という点でも、日本の企業社会の場合、あまりはっきりと区別しないけれども、「取締役」とは「企業が採用した社員」ではないのである。

商法によると、取締役は株主総会でのみ任免されることになっている。任期は二年以内で、その間は本人が辞表を出さない限り辞職させられることはない。社長や取締役会がクビにするのは不可能なのだ。ただし逆にいえば、最長で二年間しか首が保証されないということでもある。

常務、専務、そして社長（代表取締役）などの役職は取締役会で決まる。だが、仮に役職から外されても〝平〟の取締役に戻るだけで、取締役をクビになることはない。そして取締役には社長を監視する権利と義務があり、それゆえかつての三越などのように、社長が解任されるという騒動が起こる。いずれにしても取締役というのは、株主から経営を委託された責任と権限のある立場なのである。

ここが、サラリーマン人生で大きな目標とされる所以であろう。なぜなら、課長レースや部長レースは、いってみれば社員間の競争である。だれが部長であっても、だれが課長であっても、どちらも企業の人事部に管理される「社員」であることに変わりない。実際にかなりの権限をもたされている中間管理職であっても、それは使われる側の人間なのだ。ところが、取締役は株主という企業の所有者と直接つながっている経営者であり、使う側の人間になるのである。

また、極端ない方をすれば、取締役になるということは、松下電器産業の創業者で「経営の神様」といわれた故松下幸之助や、西武王国の総帥・堤義明、イトーヨーカ堂名誉会長の伊藤雅俊、あるいは京セラ名誉会長の稲盛和夫といった人たちと同じ「経営者」の仲間入りをするということである。

要するに、社員の間で行われる出世レースから抜け出して、その一段上に上がるというのが「取締役就任」なのである。そういう意味ではサラリーマンにとっての取締役就任は名誉なことであり、取締役は有能なサラリーマンの勲章といえなくもない。

◉取締役だから味わえる〝魅力〟とは

取締役の一人となれば、秘書がついたり、個室が与えられたり、専用車で送り迎えされたり、というような「特典」がある。これもまた、日々通勤電車に揺られ、宮仕えに汗を流している一般サラリーマンからすれば大きな魅力であろう。

もちろん収入も大きい。アメリカの社長などは平社員の何百倍も給料をもらったり、自社株のストックオプションにより、時に百億円単位の「余禄」まで転がり込むことがある。

ただし日本の場合、普通はちょっとそこまでいかない。二〇〇二年の三井住友銀行を例にとると、前年度の役員報酬は一人平均で約二八〇〇万円（ただし前期比五〇〇万円減）、最高額で四四〇〇万円（同一〇〇万円減）だった。ついでに、退任する取締役への退職慰労金は一人平均で七九〇〇万円だ。もちろん会社によって違いはあるが、高給取りで知られる銀行にしても、報酬がやたらかけ離れて大きいというものでもないことがわかるだろう。

しかし、他方で経営に対して負う責任は大きい。創業二八年で日本電産を世界一の精密小型モーターメーカーに成長させた永守重信は、

「経営者には土曜、日曜、盆も正月もない」

といい切る。自身、日曜日はグループ会社との連絡や指示業務に使い、一年＝三六五日、一日も休まずに働いているという。それくらいまでして確実に利益を上げなくてはならな

い重い責任を、経営者は社員や株主に負っているというのである。

リース業界最大手オリックスの会長で、規制緩和の旗頭として経営手腕を高く評価されている宮内義彦は、

「取締役は経営に対して本来、社長と連帯して責任を負うものだ」

と断言する。そして社長ならなおのこと、自分一人のミスによって会社を潰すことさえあり得ることを十分に認識しており、その「怖さ」には凄まじいものがあるという。

「スーパードライ」でアサヒビールを大躍進させた元社長の樋口廣太郎は、

「業績が悪化して、どうしても人員整理をしなくてはならないようなとき、真っ先に切るべきは社員ではなく、社長本人の首だ。それくらい経営者の責任は重い」

といっている。また、役員になれば、何かあったときに連帯して賠償を負わされるなど、法律の責任も大きくなる。雇用の保障もないし、大変なことなのである。そう考えると取締役は決して割のいい商売とばかりもいえない。

ちなみに、ホンダでは役員全員が大部屋に同居で、しかも代表権を持たない取締役は専用のデスクすらない。共用のデスクで済ませているから、個室でふんぞり返るという「特権」もない。

それでもなおサラリーマンが取締役に魅力を感じ、昇進を望むとすれば、それは「大きな仕事をできる力＝権力」が手に入るからである。これは金や名誉や余禄などには代えられない魅力である。

サラリーマンは上に行けば行くほど、組織を使って大きな仕事ができる。平より課長、課長より部長、部長より取締役、平取締役より常務や専務、そして社長という具合に、上に行けば行くほど権限が大きくなり、自分の意志でできる仕事の規模、内容もグレードアップする。従って仕事を達成したときの喜びも大きくなる。男として生まれて、これに勝る喜びはないだろう。

このことについて、樋口廣太郎は次のようにいっている。

「組織というのは高層ビルと同じ。上に行くほど見える範囲が広がって、最上階では富士山までよく見える。視野が広がれば、そのぶん大きな仕事もしたくなる」

◉これからはどんな取締役が望まれるか

では、取締役になれば大変な権力をもてるのかというと、平取締役をはじめ常務、専務、副社長に至るまで取締役の人事権は社長もしくは会長が握っているわけだから、実際のところはサラリーマン社会の延長線上にいるケースが多い。企業のなかで本当の権力をもとうとすれば、代表権のある社長もしくは会長になるしかないのである。

従って、一口に取締役といっても、その実態は一様ではない。これを二つのタイプに分類すると、サラリーマン人生の終着点として取締役になれたというタイプと、取締役になって出世レースのスタートラインに立ったというタイプに分かれる。

前者は「ああよかった。これで俺も男になれた」と安堵し、後は平穏無事なフィナーレを待つばかり。一方、後者は「これからが勝負だ。もっと上にいくぞ」とさらに精力的に活動する。当然のことだが、求められている取締役は後者の方である。

ソニーの会長を務めた故盛田昭夫は、取締役を次の三つに分類している。
一、将来、社長になり得る人
二、社長にはなれなくとも、会長、社長を補佐し、経営の一翼を担える人
三、それまでの功績に報いる「論功行賞」型の人
一番目と二番目は「これからが勝負」という人である。三番目の「論功行賞」型の人が、往々にしてサラリーマン人生の終着点に勲章として取締役になったという人である。この三番目の取締役が日本には多い。アメリカなどでは取締役の数が一〇名前後であるのに対

し、日本はその二倍から三倍、多い企業では五〇人以上もいるというのは、ビジネスの論理だけでなく、情の部分で動く日本企業の体質を物語っている。

そういう意味でいえば、樋口廣太郎は明らかに非日本的な取締役である。樋口はアサヒビールに移る前まで住友銀行にいた。二三歳で入行したときから、優秀な実力によって出世街道の先頭を走り、ついには副頭取にまで昇進したのである。

しかし、本人には競争する意識などなかったという。なぜなら、「どうせ仕事をするなら大きなことをしたい。そのためにはトップに立つしかない」と考えていたからである。つまり出世は手段で、目標はあくまで大きな仕事にあったのだ。だから樋口は「肩書を目的にしてはいけない」と戒める。

「肩書きだけを欲しがるから、平気で他人を蹴落としたりする。そして肩書を得た後は責任を逃れることが目的になってしまう」

というわけである。もちろんそんな取締役が、これからの厳しい企業社会の中で生き残るのは難しいだろう。最近は役員を大幅に減らす企業が増えている。それだけ経営環境が厳しさを増しているのだ。「取締役になって、やっと力を存分に発揮できる」と張り切る人材こそ求められているのだ。

部課長どまりか取締役かはこれで決まる

◉経営トップは〝候補〟をいつ見抜くか

取締役の選抜は基本的には部長クラスが対象になる。一般の出世ステップを考えると、取締役のすぐ下にいるのが部長だから、取締役選抜の最終選考段階が部長クラスであることに間違いはない。世間的なイメージでは、五〇歳前後の年齢層が中心になるだろう。

しかし、同時にその年齢層というのは、ある程度取締役の年齢層ともダブってくる。つまり同じ年齢層でも片や取締役になっているわけで、となると取締役になれる人間は、もっと早くから幹部候補生として、経営トップに目をつけられているということになる。ではいったい、その年齢は何歳頃からになるのであろうか。

たとえば、「三〇歳代後半から見ている」というのは、故盛田昭夫である。

三〇歳代後半くらいから頭角を現す人とそうでない人の差がでている、と盛田昭夫は指摘している。そして、伸びる人と伸びない人との差は役員になる年齢になるとはっきりしてくる、という。その両者の違いは「いい人は生き生きしてくる」、「駄目な人は急に年寄りじみてくる」ということに現れるようだ。

今、アメリカ企業では将来の幹部候補を、早くも入社四年目くらいで選抜するといわれている。さすがに取締役が若返りし始めてきたといっても、日本ではそこまでいっている企業はあまりないだろう。

ただ『プレジデント』誌などによれば、数千人の社員を抱える大企業でも、課長以上に、二〇歳代の社員から将来の幹部候補をピックアップさせると、推薦がバラけずにちゃんと数人程度に票が集中するという。つまり暗黙のうちに、案外早くから人選は絞られているということだ。

むろん課長や部長クラスが取締役を決めるわけではないし、またいくら有望株といっても、それは普段の仕事で上司が接して感じる潜在能力などによる評価である。すなわち、あくまでも本当にリーダーとして実るかどうかわからない、素性の良い「青田」にすぎない。実際に稲穂をつけるかどうかを経営トップが判断しようとすれば、盛田昭夫がいうように、もうちょっと後、三〇歳代後半になるのは一つの必然なのである。

サラリーマン人生のスタートは入社したとき、つまり新入社員として会社に入ったときである。そういう意味からすれば、「取締役への道」は新入社員のときから始まっているともいえる。しかし、新入社員時代はみんな横一線で一団となって走っている時期であり、まだ「だれが有望だ」という段階ではない。

それは二〇歳代全般にいえることである。二〇歳代は上に先輩や上司がいて、その指示にしたがって仕事を一生懸命やるしかない。つまり、チームの下っ端として仕事をやるわけだから、「自分の成果」というものはなかなか生まれない。

ところが、三〇歳代になると事情が違ってくる。平社員から主任、係長といった中間管理職の第一歩を踏み出すのが三〇歳代である。部下も少ないし権限も小さいけれども、会社という組織のなかで初めて「人を使う」立場になるわけである。つまり、リーダーとしての人生が始まるのが三〇歳代というわけである。そして、三〇歳代前半の中間管理職見習い期間を経て、能力、実績がともに優れている人間たちが、「課長」という名実ともに中間管理職の第一線に立つ。課長の職にある者、もしくはこれから課長になろうという者が、三〇歳代後半から四〇歳代にかけて、しのぎを削っているのである。

その時期は、リーダー候補生が熾烈なレースを展開する第一コーナーということができる。生き生きと張り切って活躍する者は当然どこか「光って」見えるだろうし、一方モタモタしている者は何となく意気が揚がらず「年寄りじみている」ように見えるわけだ。

実際、候補生選別の時期として、大企業の若手取締役（四〇歳代）のうち、三割近くが「三〇歳代前半」、そして最も多い四割ほどが「三〇歳代後半」を最適と考えているという。三〇歳代後半が分かれ道と考えるのは、盛田昭夫だけではないのである。

経営コンサルタントや評論家として活躍する大前研一は、サラリーマンの三五歳から五〇歳までの一五年を「魔の一五年」と呼んだ。この一五年の間で課長、部長、取締役と出世していく者とそうでない者が分かれていくからである。サラリーマン人生でもっとも重要な時期が三〇歳代後半から始まる一五年なのである。この一五年の間にどれだけ自分を成長させ、仕事の実績を積み重ねられるかが、取締役になるためのカギを握っているのである。

つまり、取締役になろうと思えば「三〇歳代」が本格的なスタートラインになる。そこでどれだけ研鑽《けんさん》を積んで、自分の能力と資質を高めるかが、「取締役就任」の試金石になるのである。

◉自己投資できない人間は失格だ

何事も無から有が生じるものではない。取締役を目指すのであれば、それまでになさねばならないことが数多くある。人望にしても指導力にしても、また信念や哲学にしても、一朝一夕にできあがるわけではないのだ。だから、三〇歳代というスタートラインに立ったならば、必死になって自分に投資しなければならない。

経営コンサルタントとしてドリームインキュベータ社を運営する堀紘一は、読売新聞の記者から三菱商事に移り、それからボストン・コンサルティング・グループにヘッドハンティングされて一九八九年に同グループの社長になった経歴の持ち主だが、「男三〇歳代は投資の時期」という。堀は三〇歳になったときに自分なりのライフプランを立てた。「三〇代はどんどん自分に投資しよう。四〇代で金とか地位とか名声を求める人もいるが、回収は五〇代になってからだ」

そう考えると、堀はさっそく自己投資を行った。そして、三〇歳代で三回の大きな投資を行っているのだ。

堀が行った自己投資の第一は「英語学習」である。堀は父親が外交官だったこともあって、四年間ほど英語圏で生活した経験をもっている。だから、堀は三菱商事のなかでも有名な「英語使い」だった。ところが、三〇歳になってから自腹を切って上智大学の夜間の英語講座に通い始めたのである。「三〇歳を過ぎてからの勉強はつらかった」と堀は述懐しているが、自分の英語力を一段と高めるために、とにかく一年間実務英語を学んだ。

次の自己投資はハーバード・ビジネス・スクールへの留学である。この海外留学は社内の海外留学派遣制度に合格し、今度は自腹ではなく社費で自己投資を行ったわけである。

ハーバードでは二年間、月曜から土曜まで毎日一二時間の猛勉強を続け、卒業生のなかの上位三%に与えられる最優秀学生に選ばれている。

ハーバードのMBA（経営学修士）を手に帰国した堀は自動車輸出部に配属されるが、偶然、ボストン・コンサルティングの創業者であるブルース・ヘンダーソンに出会う。この「偶然」というのが面白い。

堀はハーバード・ビジネス・スクール時代の友人から、「今度来日するボストン・コンサルティングの創業者に会う約束になっているのだが、一緒にきてくれないか」と頼まれた。うまくいけば友人がボストン・コンサルティングにスカウトされるのだという。そして、自分一人で会うのは気詰まりだから付添いになってくれ、というわけである。堀は気楽にOKをだした。

こんなきっかけで会ったブルース・ヘンダーソンは、友人のほうではなく、掘に目をつけたのである。堀が目をつけられたのは、必死になって自己投資をした堀と友人との

「差」がでていたのかもしれない。ヘンダーソンに会った後、ボストン・コンサルティングの幹部と称する人物が相次いで堀に面談を求め、堀をボストン・コンサルティングへ誘った。

ここで堀は第三の自己投資をする。商社マンから経営コンサルタントへの転身である。

「一回しかない人生、自分の能力を最大限に試してみたかった」

と堀はいう。経営コンサルタントになった堀は基礎から勉強をし直した。三〇歳代半ばを過ぎてからの猛勉強である。勉強して、それを仕事で試して、できないときはまた勉強する。

「こんなに馬鹿だったのか」

と反省ばかりしていたと堀はいうが、その成果が今日の堀を支えている。

多くの日本企業のコンサルタントをしてきた堀は、出世レースについて次のようなことをいっている。

「二〇歳代は予選で三〇歳代は決勝戦。これに勝ち残った者が四〇歳代で上昇気流に乗る。四〇歳前後で役員になれるかどうかは決まってしまう」

そして、こう断言する。

「三〇代でいい評価を受けなかったものが四〇代になっていい評価を受けるはずはない」と、「明るい展望は辛い三〇代から」と三〇歳代における努力の大切さを説いている。

堀はコンサルタントという職業に転身したが、それまでの猛勉強は「転職」を前提にしたものではなかった。「実りある時期」を迎えるために、一生懸命に種をまいたのであり、肥料をやったのであり、水を与えたのである。人と同じことをしていて人よりも大きな収穫を得られるはずはない。人の何倍も自分に投資して鍛え抜いて初めて、経営トップがみたときに「キラリと光る」ものが身につくのである。

◉三〇歳代でまずやるべきことは何か

勉強するというと、語学だ、専門知識だといろいろなことを思うかもしれないが、その前にやっておかなければならないことがある。それは「仕事」である。「何だ、当たり前のことじゃないか」というかもしれないが、最近のサラリーマンの勉強ブームを見ていると、自己投資の大前提である「仕事」が忘れられているように思えてならない。

野村證券や本田技研工業などは伝統的に若手を取締役に抜擢する会社だが、最近はそのほかにも四〇歳代の社員を役員にするところが増えてきている。激しい企業間競争を勝ち抜くために「若返り人事」を進めているのである。この「若返り人事」の結果、若くして取締役になった人間に共通していえることは、「仕事人間」であることだ。とにかく仕事を一生懸命やっている。

環境事業などで知られるタクマの社長、西田常男は三〇歳代の頃、あるシステム構築の事業をまかされて大いに働いた。システムの開発を進める一方、社内の調整などのために駆け回り、二年ほどの間は週に三回の徹夜が当たり前だったという。ローソン社長の新浪剛史は、三〇歳代の時に三菱商事から外に出て「修羅場だった」というほどに働いた。ノンビリして役員になれるのは同族会社くらいだろう。

アキレス社長の山中靜哉も、若いころは寝る間も惜しんで働いた。とくに硬質塩ビの技術を応用したプラント事業をしていた頃はガムシャラだった。朝五時に起きたら、取引相手の現場まで高速道路を七〇〇キロ走り、用を終えるとそのままトンボ返りである。家につくのは夜中の一時、二時になる。もちろん翌朝もまた別の相手先まで遠路を飛んでいくという調子で、毎日ほとんど睡眠時間なしに働いた。

そうして実績を上げ仕事を覚えた山中は、だから、こう力説する。

「いつの時代でもハングリー精神をもってほしい」

体を酷使するくらい仕事に執着し集中することが、取締役への第一歩ということだ。
堤義明は「管理職は年中無休」という名言とともに「管理職は部下の三倍働け」ともいっている。イトーヨーカ堂の伊藤雅俊も「年間三〇〇〇時間働く人間がいい仕事をできる」という。「一生懸命に仕事をやれ」というのは、「満足に仕事もできなくて、何が勉強だ」という狭い考え方だけでなく、質量ともに猛烈に働いて、いい仕事をしていくなかで、リーダーとなるためのオン・ザ・ジョブ・トレーニングが行われるからである。

このオン・ザ・ジョブ・トレーニング（職場内訓練）が大事である。野球で「ブルペン・エース」というタイプのピッチャーがいる。練習で投げているときは素晴らしい球を投げ、コントロールもいいのだが、実戦でマウンドに立つとメロメロになってしまうのである。たいがいの場合は「気が弱いから」という一言で片づけられてしまうが、要するに「実戦で鍛えられていない」ことがその原因なのである。

高校野球で「一戦ごとに強くなって決勝戦までできた」ケースがあるが、その逆が「ブルペン・エース」である。実戦で学んだことがないから、バッターが打席に立つと「恐くなる」のである。「カーブはこう投げる」「フォークボールはこうだ」ということはわかっているが、投げてみて成功したことがないから自信がもてない。「打たれたらどうしよう」

と不安になる。それで腕が縮まり、活きたボールが投げられずメッタ打ちに遭う。練習で学んだことが実戦で活かせないのである。「ブルペン・エース」は実戦で学ぶことがいかに血となり肉となるかの反面教師といえよう。

三〇歳代でまずやるべきことは、「いい仕事をする」ことである。「いい仕事」をすれば、それが実績として残る。その上に、「俺はこれだけのことをやったんだ」という自信と、そして人間が成長していくうえでもっとも重要な「成功体験」が手に入る。この「成功体験」が成長や発展の原動力になる。だから、いかに「いい仕事」をして、いかに「成功体験」を蓄積するかが、その後をどれくらいの馬力で走り続けられるかにつながるのである。

◉〝実績〟という肩書をつくりなさい

出世する男には「肩書」があるものだ。「肩書」といっても「営業第一課長」とか「総務部長」という肩書ではなく、「対米進出プロジェクトを成功させた山田君」とか、「コンピューター導入をやった鈴木君」というような「実績」という意味での肩書である。大きな仕事、重要な仕事を成功させれば、それは自分の知名度を高めることにつながる。一面識もない経営幹部も、その仕事の担当者ということで覚えているからだ。

できることなら、後になって「会社にとってあの仕事が成長のきっかけになった」といわれるような大仕事をやれば、取締役の椅子はグーンと近くなる。それも三〇歳代でできれば、取締役にとどまらず、その上への昇進も期待できる。

二〇〇二年、カジュアル衣料専門店「ユニクロ」で知られるファースト・リテイリングは、まだ三九歳という若き新社長、玉塚元一の就任で世の関心を集めた。玉塚は玉塚証券(現新光証券)創業者の孫であり、慶応ボーイとして大学ラグビーで活躍するなど、生まれも育ちも申し分のない人材である。

だがもちろん、そんなことで社長になれたわけではない。ファースト・リテイリングに、玉塚が旭硝子から移籍してきたのが一九九八年、転籍組なのである。それからの短い期間でイギリスへの進出という一大事業を成功させた。そうした実績が買われたのだった。

ドラマチックなのが、任天堂社長に四二歳で就任した岩田聡社長である。岩田も任天堂の生え抜き社員ではない。もともとはゲームソフトを開発するハル研究所に勤めていたのだが、一九九二年に研究所が事実上、倒産してしまった。翌九三年、社長に就任したのが、まだ三〇歳代前半の岩田だ。経営に取りかかるや、成果報酬主義を大胆に取り入れるなどして、またたく間に会社を再建してしまった。

その目覚ましい実績と手腕が任天堂に見込まれたのである。二〇〇〇年六月に取締役として経営陣に加わってから、わずか二年で社長になってしまった。経営者にとって、手腕をアピールする実績がいかに重要であるか、まざまざと実証したわけである。

三井不動産会長の田中順一郎は三〇歳代で大きな「肩書」を手に入れた人物である。その肩書は「日本初の超高層ビル・霞が関ビルを建てた男」である。

田中が三一歳のとき、三井不動産は霞が関に土地を入手した。そこから田中の奮闘が始まった。田中は自分のやっていた仕事をすべて新入社員に渡してしまって、勝手に部屋にこもり、霞が関ビル計画に取り組んだのである。田中は「いま考えると、よくクビになららなかった」と述懐しているが、平社員の身分でありながら、大胆にも「大仕事」にチャレンジしたわけである。当然、社内からはいろいろとプレッシャーがかかったが、田中を支持する役員が一人だけいて、それを頼みに田中はふんばった。

霞が関ビルの企画から施工、そして施工管理に続いて、田中の仕事はテナントを集める営業まで続いた。田中は三八歳で業務課長の職についた。ビルのテナントを営業する仕事である。ことの起こりは社長だった故江戸英雄からの呼び出しだった。朝一番で呼び出しを受けた田中が社長室に飛んで行くと、江戸は「障害は何だ」と尋ねた。「営業です」と田中は答えた。霞が関ビルが素晴らしいビルディングになるのはわかっていたが、そこにテナントが入らなければただの巨大な器に過ぎない。それを聞いた江戸は自ら霞が関ビルのテナント募集のために企業を回り、田中はその後をついて営業の仕事もやることになったというわけである。

田中は全日空を訪問したときが一番印象的だったという。当時、全日空は日比谷のオンボロビルのなかに入っていた。朝早く行くとまだエレベーターが動いていない。汚い階段を田中は江戸の後を昇っていったという。そして、全日空の社長が豪語した「会社は入れ物が変わると変わるんだ。全日空を日本航空よりも大きな会社にするために、日本航空よりいいビルに入るんだ」という言葉に、「よくいうな」と思ったそうだ。しかし、その言葉どおりその後全日空は大きく成長した。田中は実戦で大きな知恵を学んだことになる。

田中は江戸と一緒にセールスして学んだ最大のものは「営業とは何か」だという。

「セールスというのは、モミ手して商人になるのではない。真心、人間同士の信頼を大事にするのが基本だ」

こうして、三井不動産の「大仕事」をやり遂げながら、田中も大きく成長した。この三〇歳代で得た実績と学んだことが今日の田中順一郎をつくったことは確かである。

三〇歳代は男が第一線に立って、もっとも充実した仕事をやれる年齢なのかもしれない。知力や経験、気力、そして体力的にも一番バランスがとれて充実しているからだ。そこでどれだけの仕事ができるかが、取締役レースに残れるか残れないかの第一関門になるのである。

取締役になれる人の仕事術、人間学

◉新しい仕事を生み出してこそ評価される

「企業の使命は常に新しい商品を世にだすこと」

といったのは故松下幸之助であるが、厳しい言い方をすれば、今日までやってきたことをそのままやり続けるのであれば、それは「仕事」のうちに入らない。昨日とは違う何か新しいことを創造するところに、人間が働く意義があるのだ。

それはまた、企業のなかで働くサラリーマンの実績にもあてはまる。いわれたことをいわれたとおりにやるのであればだれでもできる。昨日とは違う今日、今日とは違う明日をクリエイトしてこそ、「仕事」をやったことになるのである。というのは、新しいことを始めた者、新しい商品をつくったものが「仕事」をやった者であり、高く評価されるということである。

昨日よりさらに新しいものを追い求める心は、向上心と言い替えることができるだろう。望ましいリーダーの基本的条件として向上心を挙げるのが、ＪＲ東日本社長の大塚陸毅だ。

「生まれついてのリーダーはいない」という大塚は、リーダーの資質について、仕事でぶつかる様々な障害や困難にひるまず、一つひとつ乗り越えていくうちに身についていくものだと考えている。

そのためには現状に満足せず、少しでも自分を高めようとする向上心が大事であり、そして向上心とつながるのが夢だという。夢を描けることが、「リーダーの条件だ」と大塚は語る。その好例として大塚は、首都圏で導入された「スイカ（Suica）」を挙げる。これはプリペイド式のＩＣカード定期券で、旅客設備課長を中心として、実現までに何と一〇年以上もの年月を費やしたという大プロジェクトである。

普通、こういう新しいチャレンジを始めるに当たっては、大きな反対もあるだろうし、何かと壁にぶち当たるものである。それでもついに実現できたのは、定期券のＩＣ化という事業が、ずっと大きな夢であり続けたからだと大塚は考えている。

スイカは導入してわずか四カ月あまりの短い期間で、ユーザーを実に三〇〇万人以上も獲得して大成功した。日々の仕事の中で、つねに「自分はこうしたい」「将来こうありたい」という夢を持ち、新しいことを始めることが大事なのである。

東京海上火災で社長を務めた相談役の竹田晴夫は、戦後まもなく入社し新種保険部に配属された。そこですぐに「交通傷害保険」という新商品を開発している。「交通傷害保険」は日本交通公社（現ＪＴＢ）とタイアップして、乗物に乗っているときに怪我をした場合に保険金がおりるというもので、当時で何十万円、現在の物価で換算すると何十億円という保険料が集まったという。入社そうそう大ヒット商品を生み出したわけである。その後も交通公社とのタイアップ商品第二弾として「宿泊盗難保険」をつくったり、鉄道の手荷物や小荷物の保険をつくったり、また日本で初めて「賠償責任保険」をつくったりしている。

新しい商品をつくるセクションに配属になったということはラッキーなことであるが、その幸運を活かしきったからこそ、竹田は取締役の椅子に座り、また社長の座にもつけたといっていいだろう。

「新商品」というと、商品開発部に配属されなければできないと考えるのは間違いである。たとえ総務であれ、人事であれ、「新しい仕事」をつくりだすことが企業活動なかの「新商品開発」である。

◉地味な仕事でも怠ってはいけない

世の中には「目立ちたがり屋」という人種がいる。何事にもしゃしゃりでて、いつも「俺が」「俺が」とでしゃばる輩《やから》である。「高く評価される」ということは、得てして目立つことではあるけれども、目立つことが評価されることとイコールではないことを知らないのであろう。

アサヒビール会長の福地茂雄は、

「部分を最適化するとともに全体も最適化できる。それが理想的なビジネスリーダーだ」

と語る。それをプレーヤーごとに、投げる、タックルする、走るなど、役割分担がハッキリしているアメリカンフットボールにたとえて、こう戒めている。

「いくら優秀でも、全体を考えずに自分勝手に走っては決して勝てない。時には敢えて脇役に徹する判断が必要だ。」

古代中国の大帝国、漢の高祖となった劉邦《りゅうほう》の天下取りを助けた三羽烏は、軍師の張良、勇将の韓信、そして蕭何《しょうか》である。彼らの職務を現代風にいえば、張良はさしずめ企画室長で、韓信は営業部長、蕭何は総務部長であろう。劉邦は皇帝の位について、論功行賞を

行ったとき、「最高の功績は蕭何にあり」とした。これに対して功臣たちは一斉に不満を表明した。ある者は、

「私たちは戦場にでて体を張って戦ってきました。そうやって城を落とし、敵を倒したからこそ、天下を平定できたのではないでしょうか。それにひきかえ、蕭何は一度も戦場にでたことがなく、城を一つも落としたことがない。敵将の首をとったこともない。それが私たちより功績があるとはどういうことでしょうか」

といい、またある者は、

「私たちは知略を尽くして敵を攻め落とす方法を考えました。戦争に勝てたのは私たちの戦略があってこそ」

といった。つまり、営業の人間は「汗水たらしてかけずり回り、売り上げを上げたからこそ、会社が発展したのだ」といい、企画の人間は「企業戦略を策定し、宣伝も考え、会社のもつ戦力を一〇〇％以上に働かせたからこそ、会社の発展があったのだ」と主張したわけである。

それにひきかえ総務の人間は何をしていたのだ、会社のなかに座っているだけで、何の利益も生みだしていないじゃないか、といういい分である。

そういわれれば総務担当の人間はこれといった大きな手柄はない。得意先の開拓をしたわけでもないし、営業キャンペーンを指揮したわけでもないし、新商品開発をしたわけでもない。それでは何の仕事もしていないのかといえば、そんなことはない。裏方で目立たないけれども、営業や企画の社員たちが存分に働けるように、職場環境を整え、さまざまな雑用をしているのである。

劉邦が「蕭何に最大の功績あり」としたのは、この「裏方の地味な仕事」が天下平定になくてはならないものだったことを知っていたからである。

劉邦はライバル項羽と足掛け五年の戦いの末、勝利を握ったが、初めのころは連戦連敗だった。ところが、それでも屈することなく戦い続けているうちに、流れが変わり、ついには項羽を破ることができたのである。この大逆転を呼び込んだのは、負け続けながらも弱体化せずに挑戦し続けたからである。

そして、劉邦が不死鳥のように挑戦し続けられたのは、後方から蕭何が絶えず兵員と物資を補給していたからである。この蕭何の補給のおかげで、劉邦は戦闘に敗れても敗れても、態勢を立て直して項羽に挑むことができたのだ。いかなる勇将、猛将も、またいかなる戦略家たちも、蕭何の途切れることのない補給なしには大きな功績をあげることができなかったわけである。

営業や企画、そして開発の仕事は華々しい成果があがるので、傍目には目立つが、それだけが企業を支える仕事ではない。その陰でキチンと帳簿をつけたり、必要な人員、必要な資金、必要な物資を調達することもまた、企業にとっては重要な仕事なのである。

こういう裏方で、地味ではあるけれども、コツコツと仕事をしていくことも、高い評価を得る要因となろう。目立たない仕事であるけれども、腐らずにコツコツやれる人間は、出世の階段を着実にあがっているのである。

◉経営者はなぜ〝運のつよい人〟を重視するか

優れた経営者の中には「運」というものを重視する人が多い。松下幸之助も、人の運についてこんなことを語っていたという。

「人を採用するときは、学歴や家庭の事情は人事部に任せて調べてもらえばいい。君が見なければならないのは、その人のもっている運だ。面接のときは『あなたは運がよかったか』ということを聞きなさい。運の悪い人を採用すると会社も運が悪くなる」

「運の悪い人を採用したら会社も運が悪くなる」とすれば、なおさらのこと「運の悪い人を取締役にしたら会社も運が悪くなる」だろう。経営トップがおしなべて「運」の有無を重視しているわけではないだろうが、出世する人は「運の強い人」が多いものである。

そして運の強い人というのは、得てして自分でも強運を意識しているものだ。セコム創業者にして最高顧問の飯田亮も、若いころからパチンコをやるといつでも連戦連勝。常々、「自分には運がある」と周囲に話していた。それに着目したのが後に共同創業者となる戸田寿一だ。あるとき戸田は飯田にいった。

「君は自分で運がいいといってるけど、そんなパチンコなんかでせっかくの運をすり減らすのはもったいないじゃないか」

すると飯田は、

「いやいや、運というものは使えば使うほど増えていくんだよ」

と答えたのである。これを聞いて戸田は確信した。

「何か仕事をするのであれば、この男と組む以外にない」

そうして一九六二年に日本初の警備保障会社を共同で設立、以来、会社は急成長し、この不況下で数少ない増収増益を続ける企業となっている。

人の運を信じた戸田は正しかったわけであるが、他方で、運の強さを自認する人というのは、同じ境遇でも必ず「運が良かった」という状況にもっていく「何か」を備えているとも考えられるのである。

樋口廣太郎も、運では人に劣らないと自認している。京都生まれの樋口が、彦根の旧経済専門学校を出て銀行に勤めていた頃である。たまたま遊びに来た同窓の友人に、今どうしているかと訊ねると、「京都大学に入るため勉強中だ」という。実は樋口も、「もっと本格的に勉強しておきたい」と進学を考え始めていたところだった。だが専門学校卒では受験資格がないと思い込んで、京大は最初から諦めていたのである。

受験できるという情報に樋口は喜んだ。ところがその友人によれば、すでに願書受付は過ぎてしまっているという。いったんその気になってしまったら、何とも諦めきれない。すぐ翌日に京都大学の事務局まで駆けつけてみたのだが、やはり募集はとっくに終わっていて、当然ながらいくら懇願しても無駄だった。

強運が発揮されたのはこの時だ。偶然にも樋口は事務所の職員に顔見知りがいるのを発見した。そのころ樋口の家は布団屋を営んでいて、何とその職員は客の一人だったのだ。挨拶すると向こうもすぐに樋口とわかった。「どうしたのだ」と聞いてきたので顛末を話すと、彼はこういったのである「まだ何とかなるだろう。」

おかげで受験できただけでなく、めでたく合格した樋口は、
「この幸運がなければ、自分の人生は全く違っていたはず」
と語っている。もちろん樋口は決して神頼みの運命論者ではない。むしろ冷静な能力主義者である。そもそもこの幸運は、樋口が簡単に諦めず、京大まで無駄を承知で駆けつけたという努力が発端である。行かなければ何も起こらなかったのだから、まったく運ばかりということでないと受け取ることはできるだろう。

しかし一方、ギリギリで友人が京大受験の話を持ってきたこと、肝心なところで親切な知り合いに巡り会ったことに、自分の強運を見るのも自然なことである。

いずれにせよ樋口が、人の運というものに「非常に大きな力」を感じ、大事にしなくてはならないと考えているのは事実である。だから、業績の振るわなかったアサヒビールの社長になったとき、就任式で社員に向け樋口はこう語りかけた。

「私は生まれつき運の強い男です。それを信じてついてきてほしい」

社員がみな強運を信じれば、それがポジティブな気持ちを生み、少なくとも悪運は逃げていくと思ったからである。

こういう「運の良さ」はその人間の仕事にも影響するものだ。その典型例は、日露戦争

のときの連合艦隊司令長官・東郷平八郎である。帝国海軍はロシアのバルチック艦隊を迎え撃つ連合艦隊の司令長官をだれにするかに頭を悩ませた。この決戦の行方如何では、日本海の制海権をロシアに握られ、中国本土の戦場に物資や兵員の補給も困難になる。それは日本が負けることを意味する。

ときの海軍大臣は山本権兵衛だった。山本は連合艦隊司令長官に舞鶴鎮守府長官の東郷平八郎中将を指名した。この人事にはだれもがわが耳を疑った。というのは、東郷よりも経験豊富で有能な提督が他に何人もいたからである。

競馬でいえば、本命馬、対抗馬を抜いて大穴が入ったということになろう。明治天皇も不審に思われたのか、山本を宮中に呼んで東郷起用の理由をご下問《かもん》になった。山本は次のように答えたという。

「他に適任者がないわけではございません。また、他の候補者と比べ東郷の才能は劣るかもしれません。しかし、東郷は運の強い男でございます」

山本権兵衛はここ一番の大勝負のリーダーに「運の強い男」を選んだのである。日本海海戦が東郷平八郎の「運」で勝ったとは思わないが、連合艦隊は勢いにのってバルチック艦隊を壊滅状態に叩き潰したという感がしないでもない。

「運がつよい」ということも実力のうちである。「運」とはまた、その人に備わった「勢い」といえるだろう。自分に「運」があると思うならば、その「運」を逃がさないよう、常に「勢い」を失わないような生き方をすべきである。

◉上司に恵まれるか否かも運のうち

人間関係のなかで選べないものが二つある。一つは親で、もう一つは上司である。どちらも自分の都合では選べない。いわば運命的な関係とでもいえるだろう。

企業という組織のなかで生きていくサラリーマンにとって、「いい上司」に巡り合うか合わないかということは大きな違いになってくる。

「いい上司」に出会った者はどんどん実績を積み上げ、才能を伸ばし、出世していくし、「悪い上司」の下になった者は仕事もうまくいかず、才能が枯れ、出世できない。そういうことから「いい上司に巡り合った者には運がある」という経営トップもいる。

ソニーの会長兼CEOである出井伸之には、極めて思い出深い上司がいるという。大賀典雄の前に社長を勤めた岩間和夫である。その時期、出井はソニーを辞めようと思っていた。出井のいたセクションには非常に優秀な社員がいて、その相手と張り合ってこの先仕事をして行くのかと考えたら、会社にいるのが辛くなってきたのだ。

そういう話は必ずどこかで伝わっていく。あるとき大賀に呼ばれ、「君は他の会社に行きたがっているそうだけど、どこの部署なら辞めずに頑張るのか」と聞かれた。もちろん、出井という人材が期待されていたからだ。

しかしただセクションを移るだけというわけにはいかない。出井は、不振のために人気のないセクションなら、事業部長くらいはやらせてもらえるのではないかと考えた。大して深く考えもせずに、「音響部門をやりたい」というと、あっさり希望が通ってしまった。もうこうなったら辞めるどころではない。

実はこのとき、出井を引き上げてくれたのが、物理学者でもあった岩間和夫社長だった。部長にするという話に「千のうち三くらいの可能性かもしれないが、しっかりやれるだろう」といって応援してくれたのである。しかも岩間はそのことを決して出井にはいわなかった。

ふつうなら「今回の件は僕も口添えしたんだよ」くらいいっても別におかしくはない。しかし、全くそんな素振りすら見せなかったという。だから本当の経緯を知ったのは、皮肉なことに岩間が亡くなった後だった。

そんな岩間はまた、非常に公平な社長だった。普通はどうしても自分が目をかけた部下で周囲を固め、他の部下にはどこかで扱いに差をつけがちなものだろう。だが、元々「社長のオレに少しは楽をさせてくれよ」と冗談を飛ばすほど気軽に部下とつき合う岩間は、「千に三つ」の出井にもいっさい分け隔てがなかった。

「大きな影響を受けました」と思い出を振り返る出井は、感銘をあらたにするのである。

インターネット時代に急成長を続ける松井証券の松井道夫社長は、かつて日本郵船に勤めたことがある。そこでは人材を育てる素晴らしい環境に恵まれたという。入社して間もない頃である。松井が頑張ってまとめた分厚いレポートを課長に出したところ、「長すぎる」と叱られた。

「簡潔に一枚の紙にまとめてこい。どんなにお前が勉強しようが、そんなプロセスなど意味がない」

というのである。いわれたとおり一枚にまとめて出すと、今度はこういわれた。

「短くすればいいというものじゃない」

レポートの結論として自分はどう考える、どう結論する、よって会社としてはこうするべきだ、と書いてなければダメというのである。レポートは目の前で破り捨てられた。とにかく自分の頭で考え、結論づけ、行動するよう、徹底的にしごかれた。

これは一種の社長学である。当時、日本郵船の社長は菊地庄次郎。菊地の経営方針はリベラリズムを基本としていて、

「会社のために働くな。自分のために勉強しろ。それが、結果的に会社にも貢献する」

という言葉に象徴されていた。つまり究極の自主性を目指すものなのである。それは「菊地イズム」と呼ばれ、幹部たちは「菊地学校」の門下生を自認した。そうした環境で大いに薫陶を受けた松井は、

「日本郵船という会社のカルチャーが恩師でした」

と振り返る。

「恐ろしいくらいのエリート教育をしてもらった」

と語るのが、NTTドコモで社長、会長を歴任した大星公二だ。三二歳の時、大星は旧電電公社本社で係長をしていて、いきなり遠い北海道の電報電話局長として出向を命ぜられた。しかし、普通、本社採用のエリートコースからそうしたポストに回ることはありえない。

なんでこんな左遷まがいのことになったのかというと、当時の職員局長が、

「本社を将来背負って立つエリートが、現場の苦労を知らないのでは絶対によくない」と考えたからだった。当時は組合対策など、労務をうまくこなすことが出世の重要なポイントになっていて、いわば人材を育てようという親心だったのである。

とはいえ、今と違って組合が非常に強力だったため、待ち受ける困難を恐れてみんな尻込みしてしまう。大星は、

「私は北海道出身だったし、逃げ損なったのです」

と謙遜するが、意志の強さを見込まれたのであろう。「冬の厳寒と喧嘩に強いヤツ」ということで選ばれたのだった。実際はいろいろ苦労もあったはずだが、大星は大いに活躍、

「職員局長のおかげで打たれ強くなった」

と感謝する。本人の資質や努力はいうまでもないが、それと同時に、厳しくも暖かく部下を育てようとする素晴らしい上司を持つことが、上を目指すには欠かせないのである。

◉どんな上司であっても道は拓ける

「いい上司」に恵まれた者はいいが、上司に恵まれない人間には出世は望めないのかというと、決してそんなことはない。たしかに、みんながみんな出来のいい上司をもてるわけ

でもないし、相性のいい人間を上司にできるわけではない。それでも、出世する人間は出世している。上司だけが出世の条件ではないのだ。

ただし、相性の悪い人間を上司にもってしまったら大変である。悪妻をめとってしまったら一生の不作というが、相性の悪い上司をもってしまったらサラリーマン人生の不作であろう。それでも、上司を替えることはできないが、自分のやり方次第で上司を変えることができるものである。

そのためには悪い上司をあげつらう前に、自分自身が悪い部下になっていないか、よく考え直して見る必要があるだろう。

「その点で私も偉そうなことをいえる立場ではありません」

と樋口廣太郎はいう。住友銀行時代の若いころ、普段から目を掛けてくれていた上司の故堀田庄三頭取に、あるとき自分の思い上がりを指摘されたのである。

「目上への態度には気をつけなさい。君はときどき、自分の考えをパッと口にしてしまう。君の素直さは好きだが、たまたまこちらの気分に余裕がないときなど、いくら良い意見でもとても生意気に感じることがある。『私がいうのもおこがましいのですが』と言葉を足しなさい」

知に溺れてはダメだ、といわれて樋口はハッとした。常に上司への敬意を忘れていないつもりだったが、裏腹にどこかで傲慢な気持ちが表れていたのだろう。すなわち上司に対し自分はイヤな部下になりかけていて、それでは良い関係は望めないと諭されたのだった。

得てして優秀な人材ほど、こういうことがありがちである。たとえば上司に自分の実力をアピールしたいとか、こんな素晴らしい事をしたとかいうとき、ついつい謙虚さを忘れて、「さあどうだ」という調子になりやすい。しかし百戦錬磨の上司からすれば、その「したり顔」が何とも小賢しく見え、反感すら湧いていてしまうものである。樋口は至らなさを痛感した。

樋口の考えでは、何か提案して通らないからといって、「こんなに良い案なのに何でダメなんだ」とやったら、通るものも通らない。

「以前おっしゃっていた話をヒントにして考えたのですが……」

といった調子で、うまく上司を味方に引き入れる賢さも必要になる。また、一度でダメなら謙虚に上司の意見を聞き、さらに練り上げて何度でもアプローチする、そんな態度が大事ということだ。

逆に上司から命令を受けた場合も同じである。たとえば、明らかに無駄な仕事を命じられたとき、部下がその場で「それは良くない」「やめましょう」などといったらどうか。上司のプライドは傷つくし、信頼を損ねて良い関係は望めないだろう。

「少なくとも、上司は部下よりも経験を積んでいるのだから、部下が敬意を示すのは当然です。媚びへつらう必要は全くないが、上司を立てる工夫は大事なのです」

その場は素直に命令を受け、あとで上司も納得する落としどころを探ればいい、というのが樋口のアドバイスである。「上司」を長くやった本人がいうのだから意味は深い。

他にしばしばギクシャクの種になるのが、手柄の横取りである。これについても樋口は、手柄を横取りするような上司であっても、それを根に持つようではいけないという。

「心から仕事の達成を願うなら、むしろ上司に手柄をゆずるくらいでいい。みんな本当は誰の手柄かわかっているし、本来、仕事の目的は手柄ではない。自分の能力をフルに示せた達成感があれば十分ではないか」

そんな余裕をもてというのである。反対に、もし上司と手柄を取り合うようなことになればどうだろう。

「自分の手柄をアピールしたがる人間は、横取りする上司と同じレベル。鼻持ちならないイヤなヤツになって、人の信頼を得られません。いざというとき誰も助けてくれないでしよう」

こう樋口が語るように、上司との関係も結局は自分次第のようである。

UFJ銀行頭取の寺西正司も、幸いにして上司に恵まれた一人である。ただし自分のほうでも上司から学ぶ努力は怠らなかった。だから「両者の間には、阿吽《あうん》の呼吸のようなものが必要」と語る。悪い上司ならなおのこと、自分が良い部下になる努力が求められるということだ。

中国の思想家の韓非子は上司の操縦法を次のようにいっている。

一、上司が自慢に思っていることはほめる。

二、上司が行動をためらっているときには大義名分を与えて自信をもたせる。

三、上司がやりたくないことをやらずに気にしているときには「やりたくないこと」が間違っていることを指摘してやる。

四、自分に自信をもっている上司に対して、その能力にケチをつけてはいけない。

五、諫言《かんげん》するときはそれが上司の利益にならないということをほのめかし、直接やめろといってはいけない。

六、自分の能力に自信をもっている上司に進言するときは、別の話をもちだしてそれとなく知恵をつける。

考えてみれば、上司一人をうまく操縦できないで、どうして多くの部下たちを動かすことができるのだろうか。ということは、「恵まれた上司をつくる」ことができた者は、リーダーとしての資質があるということなのである。

こんな人は取締役になれない

◉何をしたかより〝どんな人か〟が問題

イトーヨーカ堂の伊藤雅俊は「人間は好みで滅びる」といい、本田宗一郎も「おのれの力を過信するな。さもないと自分の得意な分野でつまづくことになる」といっているが、人間はともすると自分の能力や成功に酔って「俺は俺の実力で成功したんだ」と思ってしまい、落とし穴に落ちるものである。自分の好きな仕事、自分の得意な仕事での成功に酔って思い上がってしまうとロクなことはないのだ。

カシオ計算機創業者で故樫尾忠雄は、かつて、若いけれども非常に仕事のできる人間を取締役に抜擢して失敗したことがあるという。

「以前、若くして引き上げたものの、どうにも成績が上がらない役員がいた。調べてみると、部下の協力がほとんど得られていないことがわかった。若くして地位を得て有頂天になり、独善に陥ったらしい。研究者やセールスマンと違って、役員は一匹狼でやっていけるはずがない。結局、辞めてもらった」

「仕事ができる」ということがイコール、リーダーになる条件ではないのである。

プロ野球の世界では「名選手は必ずしも名監督にあらず」とよくいわれる。スター選手だったからといって、それが監督として成功するわけではないということだ。プロ野球ファンの記憶に残っているような名選手というと、長嶋茂雄、王貞治、星野仙一をはじめとする名球会に入っている人たちが思い浮かぶ。名球会は二〇〇〇本安打以上の打者か、二〇〇勝以上した投手が入会できる、いわば「名選手クラブ」である。

ところが、そんな名選手が監督になったからといって、必ずしも名監督になれるかというとそんなことはない。大体にして、プロ野球監督には名選手出身がいくらでもいるのだから、彼らがみな名監督になっていたら名監督だらけになってしまう。まったく優勝しないまま終わる監督もたくさんいるのである。

さすがに長嶋、王、星野などはいずれも監督になって一度ならず優勝してはいるが、かつて巨人を九連覇に導いた川上哲治、あるいはヤクルト時代の野村克也などのように、名監督と呼ばれるレベルには達していない。

反対に、名監督と謳われた西本幸雄や元広島カープの古葉竹識、西武ライオンズ時代の森祇晶など、どちらかといえば現役時代の成績は地味だった。

要するに、選手としての資質と、監督としての資質は全く違うということである。過去の実績が通用しないのであれば、管理者としてどんなことをするのが必要か、またどんな存在であるべきか、じっくり新たに考え直す必要があるだろう。

◉逃げる男、責任回避型は自滅する

リーダーになれない人物像として、「失敗を恐れ逃げる人」をあげる経営トップは多い。

「何かのとき、失敗を恐れて手を挙げないようではダメだ」

と叱咤するのはオリックスの宮内義彦である。いいビジネスマンを育てるためなら、会社もそれなりの授業料を支払う覚悟がある。それに過ちで失った分は稼ぎで取り返してもらわなくてはならないのだから、左遷や首にすることはない。いずれにせよ失敗を恐れるなというのである。

ローソン社長の新浪剛史もやはり、

「下の社員が作った失敗くらいでは会社は潰れない。そんなことで会社はいちいち罰しないから、とにかく失敗を恐れるな」

と訴える。前向きにチャレンジした末の失敗なら、必ず会社を良くすると信じているからだ。

デニーズジャパン社長の浅間謙一も、リスクから逃げる社員は評価しない。デニーズはたくさんの店舗があって、その数だけ店長もいる。新メニューを開発するときなど、最初は試験的にいくつかの店で導入するのであるが、受け入れる店の方では食材の管理とか手間が倍増して大きな負担を強いられる。そんなとき面倒やリスクを怖がらず、新しいことに挑戦する姿勢がほしいと語る。

旅行会社のエイチ・アイ・エス社長、澤田秀雄は、

「何もやらなければ何も生み出さずマンネリ化して、そんな社員は実力もつかない」

という。実力のない社員を取締役にするはずがない。

つまり「これをやっておけば無難だ」とか、「いままでと同じようにやっていれば問題はなかろう」という意識のもと、惰性で仕事をしているような人は上には上がれない。やはり積極的に何でもチャレンジする人でなければ、リーダーとして不適格ということなのだ。

セコムの飯田亮も「これはリーダーとして最低の条件だが」と前置きして、

「意志の強さを源泉とするエネルギーのある人が望ましい。アグレッシブにチャレンジす

ることが大事で、そのためには失敗することがあっても構わない」

という。いちばん嫌われるのが、「評論家」や、まずできない理由を並べたてる頭でっかちの「理論家」である。スズキ自動車会長の鈴木修は、

「自分で行動せず、机上でばかり考えている人間はダメ」

とハッキリいっている。行動がなければ成果など望めないからだ。オリックスの宮内義彦も、

「最も困るのが、その仕事がなぜできないかだけは見事に理屈づけて説明するようなタイプ」

と断言する。そんな後ろ向きのことに頭と時間を費やすようではどうしようもないというのだが、まことにもっともである。

旭化成中興の祖で二四年間社長を務めた故宮崎輝は、

「自分からこういう仕事をやりたいといってくる人は取締役になれる資格がある人だ。それをやりとおせる人はもっとも取締役になれる可能性がある。逆に一番駄目なのは新しい仕事に反対ばかりしてチャレンジしない人である。そしてその仕事が失敗したら、それみたことかと批判するのも駄目男の典型である」

という。新規事業や制度の改編に対して、「それは前例がないから」とか「リスクが大きくて失敗したときのことを考えると……」とか、いろいろな理屈をつけて反対する人間は取締役になれないというのである。

宮崎はそういう駄目人間を「責任を取りたくないから文句ばかりいっているのであって、こういう人は絶対に取締役になれない」と厳しく糾弾している。こういう駄目人間はどんなことにも文句だけいっておけば、後で失敗したときに「あのとき私は反対したのに、それを無理にやったからこうなった」と言い訳できる。また、自分は何もしないで人にやらせておけば失点がつかない。チャレンジした人が失敗すれば、「私は反対したんだ」といって得点が転がり込んでくる。だから、何もしないで批判しているのが得策だと思っているのである。

結局、「口はだすけど手は貸さぬ」「文句はいうけど自分ではやらぬ」という口先人間が駄目なのは、失敗を怖がり、責任を取らないからである。積極的に仕事に取り組まないというのは「責任を取りたくない」ことの表れといえよう。こんな人間が経営陣に加わっても、何もしないのだから「役に立たない取締役」にしかならない。それでは取締役である意味がない。

それでは積極的に仕事する人間がすべて「責任を取る」人かというとそうではない。こんなタイプもいると宮崎輝はいう。

「上司が責任を取るとなると、よく仕事にチャレンジする人がいる。ところが、その人が自分の責任でやる仕事だと、あれこれいって、何とか危険を冒さないようにする。これもまた駄目である」

こういうタイプを宮崎は「責任回避型」と呼んでいるが、この「責任回避型」は一見すると仕事ができるように見えるからやっかいである。若いころだけでなく、課長、部長になってもやはり上司がいるから、「自分で責任を取るタイプ」なのか、それとも「責任回避型」なのかがわかりにくいのである。

宮崎は「責任回避型」かどうかはちょっとしたことで見分けがつくものだといって、こんな例を紹介している。

「消費税が導入されたら流通機構はどう変わるのか。その場合、どう対応したらいいのか」と宮崎はある販売部長に聞いた。販売部長が答えていわく、「それは企画部の仕事です」。宮崎はそのとき「ピーンときた」そうだ。そして、「この男は不勉強であるばかりでなく、責任回避型だ」と判断して、子会社に出向させた。販売部長の上司である取締役から「あんな優秀な男を出向させないで欲しい」と要望がきたが、宮崎は「君が期待しているほど優秀な男ではない」と却下した。子会社の社長は「優秀な人材をいただいてありがとうございます」と喜んだが、しばらくして「あの男は駄目です。使いものになりません」といってきたそうである。宮崎が「なぜ、駄目なのか」と尋ねると、宮崎が思ったとおりで、責任ある地位につけて仕事をやらせたら、むずかしい問題から逃げてしまうというのである。

「失敗の責任を逃れようとする人」「自分の責任から逃げてしまう人」は取締役になれない。たとえなれたとしても、取締役は務まらないからすぐにクビになるのがオチである。

◉人使いの下手な人に資格はない

取締役というのはプロ野球の監督と似ている。監督はプレイングマネージャーは別として、自分でマウンドに立って投げることもできないし、打席に入って打つこともできない。守備にもつけない。グラウンドでのプレイはすべて選手に任せなければならない。つまり、実際に野球をするのは監督ではなく選手たちである。

取締役もまた、個々の仕事を自分でやるわけにはいかない。仕事は部下たちに任せるわけである。プロ野球の監督が選手を使ってゲームを進めるように、取締役は部下を使って仕事を進めるのである。

したがって、部下がどれだけ働くかによって、取締役の成績は決まってくる。取締役の首は部下次第なのである。そうなると、うまく部下を使える人が取締役になれ、部下を使えない人は取締役になれないということになる。つまり、人使いの優劣がポイントになるわけである。

人使いの下手な人というのは、まず「部下を叱れない」人である。最悪のタイプは部下にお世辞をいってしまう人である。部下がとんでもないことをしても叱れない上司、また、お世辞をいいながら仕事をさせる上司は部下になめられる。上司をなめているような部下がキチンと仕事をするはずはない。これではリーダー失格である。

「いや、俺はキチンと叱っている」という人もよくよく考えた方がいい。「叱る」ことの要諦《ようてい》は、叱られる側が「なぜ、叱られているのか」を理解することである。だから、「叱る」ことと「怒る」ことは違う。「叱る」というのは相手を反省させて、失敗を成功の種にするための指導なのである。「叱ったが、部下がふてくされてしまった」というのでは叱ったうちには入らない。

松下電器産業社長の中村邦夫は、松下幸之助の叱り方を賛嘆する。

「叱るときには徹底的に叱ったが、それだけでは終わらせない。肩を落としている本人のところへ、後から必ず幸之助がじかに電話をして、叱った真意や理由をきちんと説明するのです」

こんなふうにフォローされたら、かえって感激して発奮する。中途半端に怒鳴るより、叱る効果ははるかに大きいだろう。

昔はよく大声で叱ったという中村も、最近はあまり怒鳴らなくなったという。とはいえ、会社は「社会の公器」と考えているので、それにそぐわない行為、チームワークを乱す言動については厳しい。また、

「叱るには、部下を思う愛情が根本になくてはいけない」

と強調する。中村は、

「創業者のような気配りはできません」

と謙遜するが、注意を与えるにしても、すぐにはいわないようにしている。というのは、かつて自分も松下幸之助に我慢をしてもらった経験があるからだ。

当時、アメリカで流通の再構築をしようとして、売り上げがいったん半分以下まで落ち

たことがある。それでも幸之助は何もいわず最後までやらせてくれた。だから今、自分も、たとえば部下の仕事に対し口を出したくなることがあっても、最初から指摘することは控えている。ある程度形になるまで、一回だけでなく、我慢を二度重ねるのだという。リーダーにはこうした懐の深さも必要なのである。

何事にも「分」というものがある。過ぎたるは及ばざるがごとしで、上司が事細かに指示をだしていては部下の方がたまらない。「俺たちは馬鹿じゃない。いちいちいわれなくたってできる」と反発したくもなるし、「俺たちはあなたの道具じゃない。もっと自分たちのやりたいようにやらせてくれ」と不満も募る。

漢の時代の宰相に丙吉《へいきつ》という人物がいた。ある春の日に、長安の都を丙吉が車に乗っていると、路上で乱闘騒ぎがあり、死人まででていた。しかし、丙吉は素知らぬ顔でそこを通り過ぎた。しばらくすると、向こうから車がやってきた。車を引いている牛が舌をだしてあえいでいるのを見て、丙吉は車を止めさせ、おつきの者に「どのくらいの距離を走らせたのか」と尋ねさせた。死人のでるような乱闘騒ぎには目もくれず、あえいでいる牛には車を止めた訳を丙吉はこう語った。

「乱闘事件を取り締まるのは警察の役目だ。宰相は警察の仕事ぶりを評価すればいいので、路上の取締まりをするなどはもっての他だ。牛の状態を尋ねさせたのは、まだ春も浅いのにあえいでいたのを見て、馬鹿陽気のせいではないかと心配になったからだ。宰相の最も重要な仕事は陰陽の調和を図ることにある。だから、車を止めさせ、調べさせたのだ」

このとき、丙吉がいった有名な台詞が、

「宰相は細事に親しまず」

である。上に立つ者にはその立場でやるべきことがある。それは大所高所からものを見て、全体の調和を図ることである。下に任せることは任せなければならない。部下のやることまで上司が口出しし、でしゃばってはいけないという訓話である。

上司としての自分がやるべきことをできない人も駄目なら、部下のやることにいちいち指図したり自分でやってしまうという人も取締役の資質に欠けるといわねばなるまい。

◉できる経営者ほど情報感覚が鋭い

ミサワホーム社長の三澤千代治は、

「ジョーダン（情断）で経営をやってはいけない」

という。「ジョーダン」とは「情報断絶」を略して「情断」である。三澤は、

「一九七〇年代までは経済を循環している血液はお金だったが、八〇年代以降は情報が血液となり、経済を動かしていく時代だ」

と確信して、

「経営者たるものは情報収集に全力を傾けなければならない」

という信念をもって、実行しているという。

経営者で情報の集まらないような人はいない。もしいたとしたら、それは名前だけの経営者で何の仕事もやっていない人である。経営者は座っていても情報が集まってくる。部下が企画書をもってきたり、マーケティングの結果をもってきたり、売上や利益の数字が届いたりする。また、日々行われる部下からの報告も情報である。このようにたくさんの情報が経営者のところに流れ込んでくるが、それで情報が事足れりと思っているようでは経営者失格である。

組織においては程度の違いこそあれ、都合の悪い情報ほど上に伝わらないものである。保身のため、情報に「砂糖」をまぶす部下もいる。だからスズキ自動車会長の鈴木修は、

「机に座ってパソコンで数字だけ見ているようではダメ」

と断言する。「みなが何も発言しないこと」を最も恐れる鈴木は、つねに現場に足を運んだりパーティーで社員と触れあうなどして、社員からじかに話を聞くべく努めているという。

アサヒビール会長の福地茂雄も、

「面と向かって他人の話を聞くほど貴重な情報源はない」

という。そのために、話し上手になる前に、聞き上手になるのが大事と語る。一方、ライバルであるキリンビールの荒蒔康一郎は、顧客の声を聴きとる感性は、やはり現場で磨く必要があると考えている。

「ひたすら会社で忙しく立ち働いていると、どうしてもセンサーが鈍る。週一回でもいいから外に出て、人と会話を交わし、何か一緒にやるといった交流を心がけなくてはいけない」

というのである。

三越社長の中村胤夫は、銀座店の店長をしていたころ、一日に一回はすぐ並びのライバルである松屋へ足を運び、店の様子をじっくり観察したという。動向を実際にわが目で確かめるためだ。そうした努力が実って、銀座一番の売り上げを達成したという。

経営に必要な情報とは生きた情報であり、鮮度の高い情報、自分の欲しいと思う情報である。そういう本当の情報は与えられるものではなく、取ってくるものである。だから、積極的に情報収集をしない人は取締役にはなれないのだ。

三澤千代治は情報収集の第一を「人に会うこと」だという。新聞を読んでいて、「もっと突っ込んだ話が聞きたい」と思う記事があったら、三澤は自分で新聞社に電話をかけて担当者にアプローチするという。そうすると、ほとんどの記者は自分の記事に反応があったことを喜び、会ってくれるという。

そして、実際に会うとオフレコの話を聞かせてくれることもあるそうだ。新聞記者だけでなく、企業でも官公庁でも「ぜひ話を聞きたい」といって頭を下げれば丁寧に教えてくれると三澤はいう。このように自分から必要な情報を収集する努力をしているか否かで、経営能力に大きな差が生じてくるのである。

情報収集は「人に会う」だけではない。三澤は新聞や雑誌を読んでいて面白いと思った部分はその場で切り取ってしまう。新幹線のなかにおいてある雑誌や飛行機の機内誌から失敬したこともあるという。

また、三澤はテレビのＣＭを一週間分ビデオに収めて翌週に配達するという情報サービスと契約している。ＣＭが時代の半歩先を行くものと思っているからだ。時代を先取りする情報源であるテレビを見ないということは、時代の流れに乗り遅れるということである。

「忙しくてテレビを見る暇もないという経営者の会社は長くない」

と、三澤は断言している。このように、経営のための情報を収集する情報源は多種多様で、ノホホンと椅子に座っていては集められないことがわかるだろう。

本田技研工業の役員たちは自分の椅子を暖める暇がないくらい、あちらこちらに出かけている。役員室にいるのは報告と役員同士での情報交換のときくらいで、あとは工場にいったり、研究所にいったり、販売店にいったり、車に試乗したり、いまは何が流行っているのかを探しにいったりと、大忙しの毎日を送っている。このような機動力がなければ、経営に必要な情報は収集できないのである。

また、情報は集めるだけでなく、使わなければならない。集めてスクラップ帳をつくっておいただけでは何の意味もない。よくいろいろなことを知っていても仕事に役立っていない人がいるが、それでは駄目である。

イトーヨーカ堂の伊藤雅俊は情報を読み取り、活用する秘訣を次のようにいっている。

「虫のように、鳥のように、必要に応じて視点を変えることが、情報を活かすためのコツです」

「虫の視点」とは地面にはいつくばってみるような目の高さで見る「ミクロの視点」をいう。たとえば街を歩いてファッションを観察したり、評判になっている映画を見たり、人気のあるレストランに行ったりすることである。

「鳥のような視点」とは空の上から地上を俯瞰《ふかん》するような「マクロの視点」をいう。日本経済や国際経済の潮流、社会の傾向、政治の動向などを把握することである。

つまり、「ミクロの視点」と「マクロの視点」の両方をあわせもって、必要に応じて使い分けろ、ということである。

情報を仕事に活かすためには、「仕事に直接役立ちそうな情報」だけでなく「仕事とは距離のある情報」もあわせもち、自分のなかで消化しなければならない。そういう意味では仕事一途人間は情報に偏りがあり、情報を活かせないことが多いのである。

いずれにせよ、情報が経済の血液になっている今日、情報を集められない人、情報を活かせない人は経営ができない。経営どころか、仕事さえロクな成果を出せない。そんな人が取締役になれるはずがない。

第2章　社長はあなたのここを見ている

抜擢されるか弾かれるか、これが基準

◉管理職能力のほかに何が必要か

取締役になる人間と、部課長といった中間管理職どまりで終わる人間との間には、決定的な違いがあるのだろうか。

取締役への昇進について一つ考えられるのは、それが単なる「ステップアップ」のように見えて、実は取締役として固有のものが要求されるということだ。部長としての資質と取締役のそれとは、必ずしも一致しないということである。

再びプロ野球を引き合いに出せば、コーチとしては非常に優秀だが、監督になったら全く振るわなかったという事例がある。両者の間には、単なるステップアップ以上の違いがあるということだ。だから、自分でもそれを意識して、決して監督になろうとしなかった名コーチもいた。

逆に「ステップダウン」の場合でも、同じようなことがいえる。サッカーの全日本監督に就任したジーコなど、鹿島アントラーズ「総」監督として非常に高い評価を獲得してい

るにもかかわらず、監督として適任かを問う声が一部から上がった。つまりどんな分野でも、ポジションにおける適性というものが厳然としてあると思われているのだ。

このことについて、オリックスの宮内義彦はこう考えている。

「現場や課長クラスの社員は、目先の日常業務をこなすことが前提です。部長クラスはそこから少し離れて、今期から来期くらいまでといった、少々先のことを考える能力が求められる。そして役員はさらに長く、一年から三年くらい先のことまで展望できなくてはいけない」

企業の大方針、戦略を決定することこそ取締役の仕事であり、それに沿って戦術を練り、実施するのが中間管理職だ。ここに両者の決定的な違いがあって、より大きな構想力、ビジョンを持つことが取締役の必須条件というのである。

昭和シェル社長のジョン・エス・ミルズも、

「リーダーはビジョンを持っていなくてはいけない」

と説く。将来、そのビジネスはどうあるべきか考え、それと現実との違いを見きわめて先の方向を指し示す。その能力が求められるというのである。そしてやはり、レストラン事業を展開するロイヤル社長の今井教文は、リーダーの資質として、

「仕事に対してハッキリした目標とかシナリオを持てること」をあげている。決断を下すことも取締役の任務である。松井証券の松井道夫は、

「決断力が取締役の条件」

と語る。何でも「～ではないかね」と語尾を濁し、結論をあやふやにするのではなく、つねに責任をもって「～だ」と決断する力がリーダーには必要ということである。だから松井は、自分で決断できない「かね族」は登用しないという。

ただし、中間管理職として有能なだけでは取締役になれないといっても、中間管理職でダメな人間が取締役なら能力を発揮しうるかというと、そんなことはない。営業なら営業で結果を出す。開発なら開発で成果を示す。その上でまた、管理職として部下を使いこなして実績をあげる。こうした積み重ねを前提とした上で、なおかつ「取締役としての資質・能力」が要求されるということなのである。

◉取締役には多面的な資質が求められる

求められるリーダーの条件というのは、業種や会社の事情によって異なるだろうし、決して「これさえ満たせばＯＫ」という単純なものではない。基本的にはどんなことにも対

応するゼネラリストなのだから、「あれも必要だし、これもなくてはならない」ということになる。

また、戦略的に見るか、戦術的に見るかなど、切り口によっても答えは異なってくる。そこで「リーダーの条件」として複数以上をあげる経営トップは多い。

帝人会長の安居祥策が条件の第一としてあげるのは、「大きな方向性を出せること」だ。右肩上がりが過去となった現在、部下からのボトムアップを待っているようでは会社を引っ張っていけない。自分からトップダウンで下に投げかける力が必要というのである。

そして次が「決断して実行する力」。さらにこの二つを基本にして、「健康」をあげる。リーダーの仕事を肉体労働と考えるからである。最後に「明るい性格」と「語学力」。今のビジネスでは最低限、英語はしゃべれないといけないというわけだ。

日産を瞬く間に再建したカルロス・ゴーン社長兼CEOによれば、リーダーの条件はいくらでも数えられるという。その中で特に重要なものとして次の三つをあげている。

第一が「戦略マインドを持つこと」。その会社の現状をしっかり把握し、それに基づいて長期戦略を立て、中期的な戦術を練る能力である。いわば行き先が決まらなければ、クルマは走れないということだ。

二番目が「業績主義」。どんな素晴らしいビジョンや戦略を立てられても、実績に結びつけられないようでは信頼を失い、リーダーとして失格である。

そして最後が「透明性」。考え方や行動を明快にせず、失敗や怠慢を隠そうとする秘密主義の人間は、これからの時代では人を引っ張っていけず、通用しないとゴーンはいうのである。

実際、そうした変化は経済界だけに止まらない。政治の世界でも、密室政治を批判される自民党でさえ、党首選びなどガラス張りの方向に向いてきたし、政治家自身、以前よりはハッキリした言葉で意見を表明するようになった。

ビジネスに平穏な時などないと語るユニ・チャーム会長の高原慶一朗は、リーダーの資質として、幅広く次の七つを求めている。
・目標思考力（ビジョンを持つということ）
・方法発見力（戦術である。この二つはゴーンの「戦略マインド」に相当する）
・組織能力（組織を束ねられなくてはリーダーとはいえない）
・伝達能力（やはりゴーンの「透明性」に通じるものだ）
・動機づけ能力（いかにやる気を起こさせられるかということ）

・育成能力（後継者を育てるのはリーダーの仕事である）
・自己革新能力（現状を打破してレベルアップする力）

これら全てを兼ね備えれば、「トップの資質あり」ということで、現に社内にもそれに応える人材が育っているという。

反対に、条件を絞るのがマルハ社長の五十嵐勇二である。

その第一が、「問題意識を持てる人間」。五十嵐は、伝統に安住して与えられた仕事だけをこなしていくだけの人材では、いずれ会社はじり貧になると考える。だから先々の事業展開、すなわちビジョンを作り上げる意識がない人材はいらないというわけである。

第二が、「創意工夫のできる人間」。部下を十分に動かして、マネージメントする能力を求めている。

第三が、「意欲的に取り組む人間」。情熱や活力がなければ、どんな事業計画も達成できるはずがないのはいうまでもないということだ。

シャープ社長の町田勝彦が常々掲げる三つの条件も、かなり共通したところがある。

一つが「予見力」。変化の激しいのが家電分野だ。その中では技術についてはもちろん、あらゆる変化について、先に先にと未来を予見していく力がいるということなのである。

二つ目が「構想力」。三つ目が「実行力」。

そして町田は、たとえば、

「日本中のテレビをシャープの液晶にしよう」

といった大きな夢、ビジョンを示すことが役員の重要な仕事だという。

こうして見るとリーダーの大前提として、専門的な知識や技能、交渉力といった、職能的なことについてはほとんど触れられていない。

一方、みなが構想力と実行力を強く求めているのがわかる。すなわち、リーダーたる者は戦略にも戦術にも長《た》けると同時に、その有言実行が求められている。そこが最低ラインと考えるのが順当なようだ。

◉家族・家庭もチェックポイント

取締役を目指して頑張るというとき、案外見落としてしまうのが「自分以外の自分」である。「自分以外の自分」などと哲学者のたわ言のようないい方をしたが、「自分以外の自分」とは「家族」「家庭」のことである。

「どうして会社の出世に『家族』や『家庭』が関係あるんだ。本人の努力や能力が問題にされるはずじゃないのか。女房子供が仕事をするわけじゃなし」と思われる人もいるだろう。しかし、重要なポストにつけばつくほど、「家庭」の協力が必要となる。平社員であればマイホームパパでいられるが、部長、取締役と上になればなるほど、仕事と家庭は切り離せないものになっていくのである。

さる一流企業の役員をしている筆者の知人は、まわりを見回して、

「丸の内あたりの企業に勤める男なら、学歴も才能もだいたい似たようなものだ。だから、部長くらいまでは誰だってなれる。でも、そこから上にいけるかいけないかは、本人次第というより女房で決まるんだ」

といったが、比喩的ないい方ではあるが名言だと思う。

堤義明は部下を昇進させるに当たって、独特の厳しい評価の方法をとる。

「課長への昇格のときは本人と面接し、部長のときは妻と面接する」

管理職のなかでも課長クラスは本人がしっかりしていれば何とか務まる。しかし、部長クラスになると、女房がしっかりしていないと務まらないというわけである。女房を見るときが「取締役昇進」ではなく「部長昇進」であるというところに、堤義明の部下に対する評価の厳しさが表れている。堤にとっては部長クラスの仕事からして、女房の協力なし

にはやっていけないほどの激務なのであろう。

それでは「取締役」はどうなのか。堤義明はさらに驚くことをいう。

「役員にするときは子供を見る」

取締役の職を努めるには女房の協力だけでなく、家庭自体がしっかりしていなければならないと、堤は考えているのである。家庭が不安定では仕事に集中できない。集中力を欠いたら取締役の仕事はこなせない。だから、家庭に不和があるような人間は取締役にできないのである。

また、取締役は会社の未来や社員の人生に大きな影響を与えるポストである。いってみれば、取締役は会社という運命共同体のリーダーであり、その実力は家庭という運命共同体を営む実績に表れているのである。つまり、安定した家庭生活を営めない人間が会社の経営をやっていけるはずがない、ということである。

それから、「子は親の鑑《かがみ》」という。取締役候補者本人との面接では、本人のパフォーマンスによって惑わされることもあるが、子供と会ってじっくりと話を聞き、その人となりを見れば、その家庭の実態やどんな子供が育てられているかがわかり、それをもって本当はどんな人物なのかがよくわかる。

会社では真面目で勤勉で思いやりのあるように見えている人物が、その家庭を見ると荒れていて、自分勝手でわがままな子供が育っていた、ということもある。

いずれにせよ、取締役候補者がどんな人物かは、その男がどんな家庭を営んでいるかで見当がつくのである。そのチェックポイントは女房であり、子供である。筆者の知っているある上場企業では、取締役選抜の際に本人には内緒で女房を会社に呼び、夫をどう思っているか、不満はないかなど、アレコレ話を聞いているところもある。取締役の要件において、「家庭」も重要な要素であることを忘れてはならない。

「人柄・人間性」トップはここを評価する

◉まず〝信頼できる人間か〟を重視される

実力主義だ、国際化だといっても、やはり日本の企業社会は「人柄」「人間性」を重視する。もっとも、これは欧米でもそう変わりはないはずである。

取締役を選ぶとき、社長からすれば、まず自分と共同して経営にあたる人間が「どれだけ信頼できる人物か」ということが一番気になる。このとき、社長が気にする「信頼」は二つに分かれる。

一つは「社長自身が信頼できる」ことである。堤義明が、

「僕は人間を使う場合、人間性をまず見る。誠意は金じゃ買えないけど、能力、技術なんていくらでも金で買える。IBMの技術だって、金で買える時代なんですから」

というように、経営責任を分担する取締役を選ぶときは、「この男に任せて大丈夫か」つまり「誠心誠意、仕事をやってくれるだろうか」ということを案ずるのである。

そして、堤義明は「人間はお互いに信じるか信じないか、だからね」と彼の人間観を披

露している。筆者も若い人たちに仕事を任せたりしているので、自分なりに「人を見る原則」をもっている。それは「仕事を任せるときは、その人の人間性を信じてやるしか方法がない」ということである。

では、どんなところで社長は信頼感をもつのだろうか。ホリ・プロダクションは芸能関係のプロダクションとしてはじめて店頭上場を果たしたが、その創業者の堀威夫は、タレントとはいえ、人を見るときの原則は「目・歯・声」の三つだという。「目」は「目の輝き」に表れるやる気や根性、人間性を見る。「歯」は健康が表れ、「声」には迫力や知能が表れるという。

取締役にするということは、社長の仕事の一部分を任せるということである。取締役を選ぶということは、部分的にせよ社長の代わりに仕事をする人間を選ぶということである。そうであれば、社長が安心して任せられるような人物でなければ選ぶわけがないのは自明の理である。

さて、社長が気にする取締役に必要なもう一つの「信頼」は、「部下から信頼される」という意味での信頼である。「自分の分身として彼をリーダーにして、社員はついてくるだろうか」ということも、社長は非常に気になるのである。

「旧国鉄が今のＪＲへと分割民営化されるとき、信頼される上司というものについて考え込まされた」

と語るのが、ＪＲ東日本社長の大塚陸毅である。大塚は当時の国鉄総裁、杉浦喬也の近くに仕えて、二種類の人間を見たという。一つは組織改革で揺れる中、泰然として変わらず仕事をこなしていく上司であり、もう一つは新しいＪＲのポストに横滑りできるかどうか、それればかり気にしてうろたえる上司だ。

もちろん、後者のほうを信頼する部下はいない。部下は上司をじっと見ているものである。

「目先の状況がどう転ぼうが、常に平常心を保ってキチンと対処できる人間でありたい」

と痛感したという。日本電産の永守重信によれば、

「部下はその上司を映す鏡のようなもの」

ということになる。いくら信頼できる部下がほしいと考えても、自分が信頼されないことをしているようでは無い物ねだりということだ。そうした悲しいシーンは、日々いくらでも見ることができる。

たとえば、何かトラブルが発生したときだ。本来なら上司が率先して謝ったり、フォロ

ーの処置をとるくらいでないと部下の信頼は得られない。

ところが、「だからいったことか」となじり、責任逃れの言い訳ばかりを考える上司がいる。これではダメということだ。人間は口先だけの甘い言葉ではついてこない。あくまで心と心のやりとりから信頼は生まれるのである。

富士ゼロックス会長の小林陽太郎は、

「部下というのは魅力を感じない上司のもとでは、決して実力を発揮しない。上には頼られ、下を人間的魅力で引っ張る人物こそ、期待すべきリーダー像だ」

と語る。「これは非常に基本的なこと」というが、しかしそれだからこそ重要なのである。昭和産業社長の福井茂雄も、人間の包容力、冷静さをもった信頼できる人物をリーダーとして望むという。

人が集まってつくられた企業組織を動かすということは、イコール「人を動かすこと」といって差し支えない。その「人」の力をいかに引き出すか、これで経営者の仕事は九〇%決まってしまう。そのときリーダーである人物に、人間としての魅力があるかないかで、天と地ほどの差が生まれてしまうのである。

企業という組織だけではない。「ビジネスを動かす」こともまた「人を動かす」ことといえるだろう。ビジネスにおいて、テクニックや駆け引きというものが付きものであるのは確かだが、しかし一方、それだけで済まないのも確かである。

最後の最後、究極のところでは、やはり人としての信頼が大きくものをいう。経営トップたちは自らの経験で、それを痛いほどわかっているのだ。一度、自分がどんな人間なのか、よく考えてみるのは非常に意味のあることだろう。

◉ネアカでなければ務まらない

人間性や人柄を論ずる際にクローズアップしてくるのは、「ネアカ」な人間がリーダーとして高い評価を受けていることである。「取締役に登用するときのポイントは?」という質問に、故盛田昭夫は、

「まずネアカであること」

と答えている。堤義明もテレビのインタビューで、「性格が明るくないと出世しない」といって、次のような話をしている。

「どこかの会社の役員たちと、宴会などで一緒に座を囲むとします。一〇年くらいたってみると、かつてたくさん食べ、騒いだメンバーが出世しているんです。やっぱり、食の細

い人とションボリしたネクラな人は伸びていません」

なぜ「ネアカ」という性格がリーダーの条件として重視されるのだろうか。まず第一に、ネアカ人間は人に好かれるからである。盛田がネアカを望んだのも、

「性格が明るければ、たくさんの人を巻き込み仕事ができる。一種のカリスマ性がある証拠だから」

という理由だった。一般的に考えても、明るくざっくばらんということは、気難しく暗い顔をした上司より良いことばかりである。部下はリラックスして仕事に集中できるし、伸び伸びチャレンジしようという気持ちにもなりやすい。

この「思いっきり仕事ができる」ということほど、ビジネスマンにとって幸せなことはない。そして「いい仕事をさせてくれた」上司に人望が集まらないはずはない。

もし上司の威厳というのが「厳しい顔をすることから生まれる」と思っているようなら、それは大きな勘違いである。樋口廣太郎は、

「職場を明るい雰囲気にすることは、組織人として大事な資質だ」

と述べている。これはどんな世界でもいえることである。たとえば元阪神タイガースの川藤幸三は、決して超一流のプレーヤーということではなかったが、明るくベンチを盛り

上げる不思議な力が愛されて、長い野球選手人生をまっとうした。人間の組織ではそうした能力も大いに重要なのである。

また叱るときでも、ネアカ人間とネクラ人間では大きな差ができてしまう。ホンダの創業者、本田宗一郎は怒ると（彼の場合は叱るというよりは、やはり怒るのである）、部下をスパナやペンチで追いかけ回すような熱血漢だったが、いったん頭が冷えてしまえば嘘のようにアッケラカンとして、「おい、今夜は一杯つき合え」とやるのである。怒鳴られた部下はそれで大いに救われたという。

だから、殴られなかった部下などいないというほどなのに、亡くなって長く経った今でも、当時の社員は本田を「オヤジ」と呼んで偲ぶのである。

そういう点では樋口廣太郎も劣らない。やはり以前は「瞬間湯沸かし器だった」と反省するくらい、見境なく怒鳴りつけたという。しかし本人によれば、すぐそれを忘れてしまい、いくらもしないで「あれはどうなっていたっけ」などと、別件について話かけることがしばしばだったという。

「覚えてないのだから、フォローも何もない。また怒られるかとビクビクした部下は面食らったかも知れないが、結果として救いになりました」

たぶん後で笑い話として部下からいわれて自覚したのだろうが、この明るいキャラクターなくして、はたしてアサヒビールのあの驚異的な復活劇はありえただろうか。

もう一つ、ネアカが評価される理由は、「精神的に強い」からである。取締役という責任ある立場になれば、管理職のころとは異なり、精神的なプレッシャー、ストレスは相当のものがある。ネクラな人間は内にこもって精神的な重圧に負けやすい。人間は気持ちが落ち込んでくると悲観的になり、消極的になる。上に立つ者が落ち込めば、部下の士気にいい影響を与えるわけがない。雰囲気が暗くなり、モラルが低下するのは目に見えている。ところが、ネアカな人間は精神的重圧を発散してしまうことが上手で、全体が厳しい状況でも自然に雰囲気を明るくできる。

不況下の日本は今どこを向いても暗い話ばかりだが、セコムの飯田亮によれば、一〇年後の未来は必ず明るく豊かになっているという。少なくとも、

「これからのリーダーたる者、そういう明るい展望の持てる人間でなければいけない」

と考えている。だから飯田は日産のカルロス・ゴーンの明るさを賞賛する。日産はコストカッターとして恐れられたゴーンの下、大手術の非常な痛みに耐えねばならなかった。

しかし二兆八〇〇〇億円あった有利子負債を、二〇〇三年三月末時点で、完全に解消し

てしまった。販売も好調である。ゴーンのあの明るいキャラクターが、「今は苦しいけれど明日は明るい」と確信させる力づけになったに違いないというわけだ。

日産社内ばかりではない。コストで泣かされる部品メーカーはわからないが、日本中の国民がゴーンのファンになってしまった。それだけでも明るさというものがいかに大切か実感できるだろう。

ネアカな人間は精神的な重圧に対しても思いわずらうことなく、「クヨクヨ考えても仕方がないじゃないか」「努力していれば必ずできるよ」と開き直るだけの強さをもっているものである。また、「あのときこうやっていればよかった」「あのときこんなことをしなければよかった」と過去を振り返って後悔しないこともまた、経営者として必要な資質なのである。

日本における実業の世界には、伝説的な傑物が何人かいる。かつてトヨタ自動車販売でクルマを売りまくり、「販売の神様」と呼ばれたのが、今は亡き神谷正太郎である。

神谷は、商業学校を卒業して三井物産に入社したが、青雲の志に燃えて独立、ロンドンに渡り、神谷商事を設立した。しかし、折りしも世界に広がっていた大恐慌で青雲の志はついえ、日本に帰国する羽目になった。そのときの心境を神谷はこう語っている。

「日本に帰ってどのような人生を切り開いていけるのか、まったく目途はなかったが、独り者の身軽さも手伝って、『なんとかなるさ』と楽観しながら、久しぶりの船旅を楽しんだ」

独立に失敗し、時代全体も暗い方向に進んでいることを感じながらも、「いったいどうするのだ」「三井物産を辞めなければよかった」というように「明日」を思いわずらったり、「昨日」を後悔するのではなく、「なんとかなるさ」と楽観できる神谷のような性格がリーダーに求められるのである。

状況が厳しければ部下たちの心には動揺や不安が生まれる。そのときに、リーダーが泰然自若としているだけで、部下たちは落ち着きを取り戻すものである。そのうえ「君たちはいまやるべきことをやってくれればいい。後のことは俺が責任をもつ」といい切ってくれるリーダーであれば申し分ない。

しかし、「責任は俺がとる」といったのはいいが、その責任の重さに潰れてしまったのでは何にもならない。責任という重荷を背負いながらも、明日を楽観できる「強さ」を、ネアカな性格は内包しているのである。

◉こんな人格では会社全部を危うくする

サッポロビール元会長で故河合滉二は、かつて自分が入社試験を受けたとき、面接でこんな質問を受けた。

「会社が倒産寸前で、だが役人に賄賂を持っていけば立ち直れるかもしれないというとき、賄賂を持参する役を命じられたらあなたはどうしますか」

彼は答えに迷ったすえ、とうとう泣いて机に突っ伏してしまったという。悪事も辞さぬほどの忠誠心を求められているのか、それとも悪いことは拒絶する高潔な倫理観を求められているのか、質問の真意を測りかねたからである。

もちろん、「そんな悪いことは絶対したくない」というのが誠実な彼の本音だったのだが、ではあなたなら同じ質問にどう答えるだろう。

営利企業というものは、金を儲けなくては存在意義がない。そして企業の幹部や役員になるということは、どんな形にせよ、一言でいえば金を儲ける腕を見込まれるということである。

しかし、だからといってその行動は、あくまで社会正義の上に則ったものでなければならないのはいうまでもない。不正を働いてでも稼ごうというのでは言語道断である。上に立とうとするつもりがあるなら、企業倫理、社会倫理においても、人並み以上に高い理想や信念を持つ必要がある。そうでなければいつか必ず会社を危うくするからだ。

かつては株式取引に関して、職務を通じて得た内部情報を利用して株を売買し利益を得る、いわゆるインサイダー取引が横行する時代があった。さすがにそれを禁止する法律が施行され、表面的にはかなりそういう不正は減ったのであるが、しかし「禁止する法律があるからやらない」という程度の倫理観では、経営トップとしては全く適さない。

もし仕事の腕だけが取締役の最大条件であると思っているとしたら、それは大変な勘違いである。不正を働く人間を誰も信用するはずがないし、信用されない人間にリーダーシップなど望めないからである。

カルロス・ゴーンがリーダーたる三条件の一つに、「透明性」をあげているのもその理由からだ。ゴーンによれば、秘密を持たずコミュニケーションを確保する、つまりガラス張りの経営をすれば、経営者の言動はイヤでも公明正大になる。よって高潔な倫理で動くようになるというのである。だからゴーンは、

「透明性は、社内に対しても社員の信頼を獲得するという意味で重要だ」

と述べている。反対にその高潔なリーダーシップを欠いた場合、自分や会社の存亡すら

左右することになりかねない。好例が、一〇億ドルもの簿外債務を隠す不正会計がばれて崩壊、世界にショックを与えたあの米国エネルギー大手エンロンである。経営トップが逮捕されたのはすでに知られているとおりだ。

「この会社は透明性がなかった。だからあんなことになったのです」

とゴーンはいう。不正は一時の利益をもたらしても、結局、全てを滅ぼすということである。

日本でも倫理欠如による事件が相次いでいる。雪印乳業では利益優先で手抜きした衛生管理体制のもと、被害者が数千人にもなる大規模な食中毒事件を起こした。これによって売り上げは激減、伝統のブランドに汚点を残し、消費者の信用を失うこととなった。するとと今度は、同じグループの雪印食品が、食肉の偽装事件を起こしていたことが判明した。BSE（牛海綿状脳症、いわゆる狂牛病）不安の中、国による国産牛肉買い上げ対策を悪用して、輸入牛肉を国産と偽って二億円をだましとった事件である。不正を働いた常務ら七人は職を失い、雪印食品は解散し、法で裁かれることとなった。

雪印だけではない。まったく同じ偽装をして不正に買い上げさせた、同業の「仲間」が日本ハムである。社長が辞任する結果となったのは当然として、会社の信用を落とし、経営を揺るがすこととなった。すべて、経営トップを筆頭に倫理を欠いた企業の末路である。リーダーたらんとする者は、何よりまず高潔であることが大前提なのだ。

◉限りなく無私の人がいい

アメリカでは日本と違って、会社は株主のものという感覚が非常に強い。だから四半期ごとに発表される業績報告に目を光らせ、もし業績が上がらなければすぐ社長交代となる。社長としては首にされないよう、とにかく表面的にでも目先の利益を追い、その場その場を取り繕うことになりがちだといわれている。

そしてもう一つ、アメリカでは経営陣には給料以外にストックオプションが与えられ、それが時に経営倫理を狂わせるともいわれる。ストックオプションというのは、自社株を安値で買いとれる特別待遇で、会社の業績が上がれば株価が上がり、売れば莫大な利益が転がり込む。

それがニンジンとなって社長はよけいに頑張るというわけだが、会社経営がうまくいっているときはまだしも、苦しくなってきたとき、保身のために会計を不正操作したり、あるいはインサイダー取引まがいでサッサと持ち株を売り払ってしまうということが起こりうる。つまり会社は潰れたのに、社長だけは莫大な富を手にしてニンマリということがあるのだ。

エンロンがそうだった。創立者でありＣＥＯのケニス・レイは、倒産前に保有する自社株を売って一億ドル、日本円で約一三〇億円（当時）もの巨額の現金を得ている。経営悪化を隠してのことだから違法であるが、インサイダー取引がばれないよう、少しずつ分散して売り抜けたとされている。

それだけではない。売り抜けた後に自分はＣＥＯを退き、後任に会計粉飾をやらせようと目論んだ。自分は疑惑から逃れ、他人に不正の責任を押しつけようとしたのである。ところが、後任者はすぐにその意図を察知して辞任、会長に就任していたレイがまたＣＥＯに戻ったといわれている。まさに私利私欲の塊である。

こんな社長では会社も株主もたまらない。まさしく獅子身中の虫となって会社を崩壊させてしまった。

まともな経営トップなら、そんな卑劣な人格は早くから見抜き、除外することであろうし、実際、名経営者と呼ばれるトップほど自分の小さな利益などには関心が薄い。周りを良くすることで自分が良くなるというのが、正しい経営の心構えである。上を目指そうとするほど、無私の徳のようなものを磨くべきだ。

残念ながら、日本でも昔から汚職やら何やら様々な不祥事には事欠かない。倫理観の欠如によっておかしくなっている会社が多いことを踏まえて、伊藤忠商事社長の丹羽宇一郎も、

「リーダーには高い倫理観が必要だ」

といっている。これが日本を代表する大企業トップの重視する点である。

とはいえ、生身の人間であれば、私欲をなくして生きることは至難の業であろう。何のために出世したいのかといえば、自分のためである。これも私利私欲の一つであり、「無私」の境地ははるか彼方だと感じる人も少なからずいるだろう。そういう人間の弱さを見て取った富士ゼロックスの小林陽太郎は、

「無私というのはむずかしいが、微私あるいは少私といった姿勢が求められる」

といって、私利私欲のできる限りの抑制を説いている。

上の者が不正を働けば下の者も不正を働く。また、卑しい人間のもとには卑しい人間が集まってくる。そうなったら企業はおしまいである。

箱詰めされた果物のなかの一個が腐り始めると、その箱のなかのすべての果物が腐って

しまうように、経営者が不正を働けばその不正は多くの部下たちに伝播して会社全体が狂ってしまう。

やはり、「無私」の心をもたない人間は経営者すなわち取締役としては不適格なのである。

取締役はこの体力・精神力が土台だ

◉タフでなければ潰れてしまう

飛行機に乗っていて、室内温度が「暑い」とか「寒い」とかいって、やたら敏感なのが日本人だという。ひ弱というのか、どこか発展途上国などに出かけ、他の国の旅行者と同じ食べ物を口にして、ひとり腹を壊すのもやはり日本人が多いという。どうやら普段あまりに安楽で清潔な環境にいるので、たまたまちょっと別の環境に移ると免疫がない分、やられてしまうらしい。簡単にいってタフでないのである。

海外に工場を多く持つ太平洋セメント社長の鮫島章男は、

「どこでも生活できる逞しさがリーダーにはほしい」

という。自社の工場は発展途上国を中心に存在していて、そうしたところの生活環境は日本とはかなり違う。なかにはかなり劣悪な場所もあるわけで、しかし逆にそんな環境に飛び込んで働くことに喜びや面白さを感じるくらい、タフな精神や体を持つ人材がほしいというのである。

昔はそれこそ汲み取り式の便所が当たり前だったたし、日本人は少々の環境変化くらいではどうにでも生き延びる、頑張り精神や頑健な肉体を持っていた。

ところが統計を見ても、近年になるほど体のサイズは大きくなっていくのに反して、体力や運動能力の低下が危惧されている。また「除菌ブーム」に代表される清潔志向のなかで過保護に育ってもいるから、病気や環境変化にも弱い。

鮫島は文化的なタフさ、つまり「異文化に接することを楽しみ、積極的に受け入れようとする柔軟な感性」を望む。そのことは、いよいよ国際的になっていく時代において、セメント以外のどんな分野にでも求められるはずというのである。

つまるところ、リーダーとして期待されるのは「頭も体もタフな人材」である。さらに具体的にいえば「ただオフィスにいたがるような人」ではダメ。自分から現場へ飛んでいって体を使って仕事を進め、オフィスに戻ったら具体的な行動プランを立てる、そんな人材が望まれている。だから「オレは考える人。お前動く人」ということではなく、頭も体も使える人になれと鮫島はいう。

実際、キャノン社長の御手洗冨士夫が、

「私は毎日が決断の連続です」

と語るように、取締役になれば責任は重く、常に「大事なとき」の連続である。それなのに何かと体の具合が悪く、休んだり仕事に身が入らないというのでは役に立たない。部下に「取締役がいなくても大丈夫です。ゆっくりお休み下さい」などといわれるようではおしまいである。もちろん、決断の連続に音を上げない気力も必要だ。

イトーヨーカ堂の伊藤雅俊は「年間三〇〇〇時間働くべし」といっているが、年間三〇〇〇時間というと、一日一〇時間で週六日働くということだ。伊藤はいい仕事をしているビジネスマンはそれくらい働いていると主張している。

堤義明は「管理職は年中無休だ」という持論をもっているが、その堤は「経営者は休んだら駄目だ」ともいっている。彼はその言葉どおり、社長になってからは休んだことがないという。

それでは、風邪もひいたことがないのかというと、堤も人間だから風邪くらいはひく。しかし、「薬に頼ると駄目だ」という理由で「布団をかぶって寝る」という原始的な治療法で治しているそうである。同じく、

「風邪くらいで休むようでは取締役は務まらない」

と檄を飛ばすのが、日本電産の永守重信だ。自分も年中無休、早朝から夜遅くまで仕事

すると語る永守は、実際に四〇度近い熱でも休まず、必死に会社に来る幹部を例に、

「そういう人間が信頼を得るのだ」

と語る。ひ弱な者にとって、激務とプレッシャーが待つ取締役のイスは遠いようだ。

◉つねにアグレッシブであれ

企業は「生き物」である。常に変化している社会のなかで生きていかなければならない宿命を背負った「生き物」である。変化にうまく乗れば生き残り、変化に乗り損ねたものは滅びるのだ。経営者は常に変化の波をとらえて、企業を生きながらえさせなければならない。

では、どうすれば変化を先取りして、それに対応できるのか。それは経営者が「アグレッシブであるかどうか」にかかっている。

技術革新、グローバル化など、世界的に大変化が生じている今日、「守りの姿勢」では生き残れない。前向きに仕事に向かっていく「攻めの姿勢」が、結果として時代をとらえ、変化に乗っていけるのである。したがって、取締役には「アグレッシブであること」が求められるのである。

「アグレッシブであれ」といわれ、「それではわれわれも生き残るために攻めよう」と思ったとき、どこをどのように攻めればいいのかをだれも教えてくれないことはいうまでもない。言葉で「攻める」というのはたやすいが、実行するのはむずかしい。だからこそ、「何を攻めるのか」「どう攻めるのか」「攻めの姿勢とは何であるか」ということを、自分で見つけ出し、自分で取り組める人間が取締役に求められるのである。

「前例がないからやる」

樋口廣太郎がアサヒビールの再建に当たって、モットーとしたのがこの言葉だ。盛者必衰というとおり、樋口はどんなに栄えた企業でも国でも、必ずいつかは衰退期が来ると考えている。問題なのは、人間というのは衰えたときでも依然として過去のやり方にしがみつくということだ。しかし、いつまでも前例にすがっているようでは、むしろ衰えを加速させてしまう。

だから、特に当時のアサヒビールのように「下まで落ちてしまった」企業なら、なおのこと前例のないアイデアが必要だったと語る。もちろん何でも前例を否定すればいいというのではなく、「捨てるもの」と「継承すべきもの」を選択できる目が前提になくてはいけない。常に前に進みながら、広い選択肢を持てる人材がリーダーにふさわしいというのである。

五洋建設社長の加藤秀明も、前例や自分の小さな引き出しにこだわる人をリーダーとしては考えない。たとえば、従来やってきた事業の枠にはまって、発想の飛躍ができない人である。あるいは何かの発想に対し、自分が理解できないと、それだけで考えようともしない人。以前からの仕事をただ繰り返すだけだったら役員はいらない。実務を担当しない分、役員には常に時代変化への対応策を考える責務がある。いつまでも手慣れた仕事だけに固執していたら、将来がおぼつかない時代なのだ。

加藤は、まず新しい発想にこそ目を向け、「試してみるか」という前向きのマインドが不可欠と説く。現に、一見まったく無関係そうな分野に進出しながら、実は何らかの相乗作用で事業を伸ばす企業も多い。

花王社長の後藤卓也は、「現状不満足の精神」を社員に訴えている。つまり現状に安住せず、アグレッシブに前進せよということだ。そのことを痛感したのが、一九八七年頃、主力商品である洗剤「アタック」を発売してしばらくたったときのことである。

もうこれ以上ないというほど強力な商品を開発したことで、社内にはノンビリした気分が漂っていた。するとそこへ、当時の丸田芳郎社長から雷が落ちた。

「まだまだやることはある。止まるな」

というのである。たしかによくよく検討してみると、そのころから省資源意識や環境意識の高まりにともなって、無駄に水を使わないようにサッと水に溶け、すすぎが最小限で済む洗剤が求められていたのである。

そこで長い研究が開始され、ついに完成した新型洗剤は現在、実に四五%という巨大な市場シェアを誇っている。花王は今、売上高八六五〇億円のトップ企業であるが、後藤はしみじみ語る。

「もしあのままアグラをかいて何もしないでいたら、こんなに売り上げを伸ばすこともなかったでしょう。次へのステップすら築けず、衰退に向かっていたかもしれません」

勝って兜の緒を締める……どんなときにも問題意識を忘れない、そうしたアグレッシブな精神が真のリーダーシップだというのである。

そう考えると、「問題がない」ということは、いったい経営においてあり得るだろうか。絶対にあるはずがない。たとえ現在の業績が絶好調でも、変化する時代の中ではその絶好調が永遠に続くはずがない。

好調な現状に目を奪われてしまっていたら、次に変化に乗り遅れるに決まっている。むしろ好調であるほど、逆に新しい問題を自分から探しだす必要があるということではないか。問題を作り出すといってもよい。問題がないと考えて安住することに問題があるのだ。

問題意識を持つということは、「このままではまずい」と感じることである。これは危機感と言い替えられる。危機感なくしてアグレッシブになれるわけがない。キリンビールの荒蒔康一郎が、

「危機感を持てない人間はリーダー失格」

と語るのは、やはり常に顧客のニーズをつかむために工夫しようとする、アグレッシブな姿勢を重視しているからだ。

日本郵政公社総裁となった商船三井前会長の生田正治は、右肩上がりの時と違って、状況が毎日ダイナミックに移り変わる今は、今なりのリーダー像があると考えている。そこでやはり生田も、「時代の流れを間違いなく感じ取り、何が問題なのかを見抜く意識のある人間」がリーダーにふさわしいという。アグレッシブに取り組むというのは、もちろん決して無謀な向こう見ずをやるということではない。問題の発見に貪欲であれということだ。

取締役に望まれるモノの見方、考え方

◉広い視野で物事をとらえられるか

リーダー候補のチェックポイントとして、「視野の広さ」は特に重要だ。部長クラスまではその分野のエキスパートで通用する。自分の仕事をしっかりやっていればよかった。しかし、取締役となれば事情は明らかに違う。専門性にプラスして、会社や事業全体を見渡す広い視野というものが要求される。

いわば、「あることについては深く知っていて、あらゆることについて一通りわきまえている」という存在でなくてはいけないということだ。それをアキレス社長の山中靜哉は、「一言でいうと、マルチ人間であってほしい」と表現する。山中は営業の最前線にいたとき、工場で出るタダ同然の余り生地を利用して、女性下着の新シリーズを提案。大きな収益をもたらした経験を持っている。もちろん開発担当でも何でもなかったのだが、そのとき、「専門バカに閉じこもってはいけない。視野を広く持つべし」と実感したのだ。

日商岩井社長の西村英俊は、リーダーに対して「知的創造力」を求める。といっても、単に頭のいい人ということではない。いろいろな技能や特性を生かして、さらに広く深く考える能力のことを意味している。

何かに接したとき、すぐに「それは自分の商売に当てはめると何に結びつくのか」「自分がそれをどう発展させられるか」といったように、思考を広げられる能力ということだ。リーダーはゼネラリストたるべし、ということを前提にして、ユニ・チャームの高原慶一朗は「一つ得意分野を持て」と語る。「販売戦略はアイツに任せたら安心」「新製品開発はコイツ」といった人こそが、頼られるというのである。ゼネラリストを縦棒として、その上に専門分野の横棒をひいた「T字型人間」に、高原は権限を委譲したいと思うし、実際そうしてきたという。

広い視野というとき、それは会社の中だけのこととは限らない。会社の外、つまり社会に対しても広く目を向け、何かを鋭敏に感じ取る力が必要だ。社会は生き物である。その変化にうまく乗れば企業は生き残り、乗り遅れれば滅びる。変化に乗るためには変化を先取りしなければならない。ところが、社内のことしかわからないようではそれはムリだ。

それに企業は社会の公器である。京セラ名誉会長の稲盛和夫は、

「社会に存在する大義名分のない会社は社会から消える」

と断言する。社会に「必要とされないもの」を送り出しているようでは、どうしようもない。だから企業経営に携わる経営者、すなわち取締役は常に社会に注意と関心を払い続ける必要があるのだ。その意味で東芝会長の西室泰三は、

「会社がいかに社会的な存在意義を持ち、そしてどれだけ貢献しているか、認識できる人材がほしい」

と語る。そして、

「その要求にどういう製品を提供して応えるか、そしてそれが本当に社会が求めるものになったかどうか、常に検証を繰り返さなくてはいけない」

というのである。つまり広い視野ということは「高い視点」に通じていくのだ。富士ゼロックスの小林陽太郎も、

「会社のことだけわかっているというのでは不十分だ。業界の外、国の外で他流試合を積み重ね、タイムリーな情報を集めないと幅が広がらない」

と説く。むしろ、若い人たちにこそ、そうした活動を通して視野を広げる努力が必要だという。

三菱電機の野間口有が、「幅の広い人間になれ」と説くのも意味は同じだが、とくに強調するのが教養である。

「技術系の人間でも、たとえば日本の文化や歴史をよく身につけていることが基本」だという。国際的なあり方を考えたとき、文化的背景をしっかりさせておくことがいかに重要か、自身の国際的な体験からも痛感しているからだ。

むろん、マンガばかり読んでいる人間が人の上の立てるわけがない。野球のピッチャーがランニングなどをしっかりやって、足腰を鍛えるのは常識だ。上体を支える下半身が弱かったら、グラついて速い球など投げられないからである。ビジネスマンも同じこと。幅広く奥深いものを身につけておかないと、すぐに馬脚が現れてしまう。

◉愛社精神、忠誠心は企業家の原点

経営トップが「この男に任せよう」と判断するときに、「二つの信頼」が決め手になることはすでに述べたが、その「二つの信頼」の一つである「社長からの信頼」において、重要な尺度となるのが「責任感」と「愛社精神」である。

取締役になる人間に求められる責任感は、「任されたことは命がけで一所懸命にやる」

という真摯で誠実な姿勢はもちろんのこと、「自分のやったことの責任をとるだけでなく、部下のやったことの責任もとれる」という器量の大きさも重要である。また、「自分の責任の下に自分の仕事を遂行する」という主体性、いいかえると「責任感の深さ」も求められる。

イトーヨーカ堂の伊藤雅俊は、「仕事に使われず、仕事の主人になれ」という言葉を口癖のようにいっている。「この仕事は自分の仕事なんだ」という考え方と、「命じられたから仕事をやる」という考え方では、大きな差がでるというのである。伊藤は家庭の主婦と家政婦を例にとって次のように説明する。

「主婦の仕事はとても大変でしょうが、そこには生きがいがあります。しかし、家政婦さんの場合は、炊事、洗濯、掃除と、仕事は主婦と同じですけれど、仕事のハリが違うのではないでしょうか」

「お金をもらっているからやる仕事」と、「自分がやらなければならないという使命感に燃えた仕事」における「責任感の深さ」の違いはいうまでもないだろう。

「お金をもらっているからやる仕事」とは「サラリーマン根性」で仕事をするということである。「経営者といわれても、給料をもらって仕事をすることに変わりはない」「取締役だ、経営者だといったって、他にも取締役がいるし、常務や専務、社長がいる。最終的には社長の責任なんだ」という、責任者としての自覚のない人間は取締役にはなれない。「取締役としての責任感」は、「俺がやらなければだれがやる」という強い自覚が求められる。極端にいえば、「自分が会社のオーナーである」というくらいの意識で経営に当たるようでなくてはならないのである。

さて、「愛社精神」や「忠誠心」というと何やら古めかしい感じがするが、これも取締役選抜の重要なポイントになるのである。

取締役に限らなくても、企業のメンバーである限り、「愛社精神」や「忠誠心」は求められるであろう。それぞれが人格や個性を持っている人間が集まって組織を形成し、運営していくうえでは、その集団をまとめる「タガ」が必要だからである。

「タガ」とは、「共通の価値」である。日本の場合、企業経営における共通の価値はたいてい「企業の発展」であろう。企業が発展することで社員にもその成功が分配され、幸せになるというのが労使の了解事項なのである。

「自分の幸せ=企業の発展」であり、「企業の発展=自分の幸せ」となる。それが「愛社精神」であり、「忠誠心」の原点なのである。

ただ、経営トップが取締役に対してことさらに「愛社精神」や「忠誠心」を重視するのは、「責任者が会社と一体感をもっている」ことが企業経営には必要不可欠だからである。「会社と一体感をもつ」ことは、個人個人から最大限の努力と責任感を引き出すのだ。一般的にいって人間とは自分勝手なものだが、自分にとって大事なもの、愛するもののためには献身をいとわず、その永遠の幸福と発展を深く願うものだ。だから、「会社に愛着を持っている」ということは、全力で会社を発展させ、次代につなごうとする責任感を持つことに他ならない。花王の後藤卓也は、

「先輩たちが築いてきた会社をさらに良くして、次の時代にバトンタッチするのがリーダーの使命」

と語る。愛なき者に会社を託すわけはないのだ。

伊藤雅俊がいったように「自分の仕事」と「雇われてやる仕事」では、仕事に対する取り組み方も責任感も情熱も大きく違ってくる。「愛社精神」や「忠誠心」は「自分の会社を経営する」という意識に近づける効果をもっている。最高責任者である経営トップは、各取締役に「主婦の仕事ぶり」をしてほしいのである。だから、「愛社精神」や「忠誠心」を重視するのだ。

「責任感」と「愛社精神」には相通じるものがある。つまり、「会社の問題」イコール「自分の問題」ととらえられるような人材を、社長は取締役にしたいのである。

◉部下の能力をいかに引き出せるか

企業の人事を軍隊にたとえると、取締役は司令官である。司令官がどんなに狙撃の名手であろうと、腕のいいパイロットであろうと、それは司令官の役目ではない。そういう現場レベルのことより、「部下を動かすこと」、つまり自分が立てた作戦を実行するため、いかに部下の能力を引き出し、そしてうまく使うかが有能な司令官の役目なのである。

そのことを、アサヒビールの福地茂雄は若いときに思い知らされた。営業の第一線から課長に抜擢されたときである。意気揚々、張り切っていた福地は、上司にこう尋ねられた。

「君はどんな方針で部下を扱い、働かせようと思っているのか」

まさにリーダーのあり方を突く質問だった。福地は九州出身で男気に溢れた性格である。

「率先垂範でないといけないと思います。何でもまず、自分がやってみせます」

と答えた。自分ができないことをやらせるのは卑怯と思ったのだ。答えには確信があった。ところが意外なことに、「君は管理者失格だ」と叱られてしまった。

「部下というものは君以上の、あるいは君にない能力を持っているかもしれない。それを引き出すのが管理者の役目なのだ。ところが、君のできることだけをやらせるのでは、絶対に部下は君を越えることはできない。よくて君と同レベルで止まってしまう」

というのである。たしかに、常に上司が自分以下の部下しか作れないのだとしたら、代替わりするたびにレベルは落ちていく。会社としても部下としても大損害である。福地はこのことをつくづく思い知り、以降、リーダーに求める原点としているという。

同じアサヒビールの樋口廣太郎も、部下の能力を引き出すことを非常に重要な役目だと考えている。人を使う立場になると、ついこちらのいうことをよく聞いて、やってほしいことを上手にさばく部下を重用してしまいがちだ。

ところが、そういう部下というのは、えてして上司の考えを読みとるのがうまいだけの、ミニ上司である危険も含まれている。結局、仕事の幅が狭くなって、みんなが損をする。それではいけないというのである。

樋口は、部下は上司が作った環境次第で大きく伸びると考えている。だから、新しい部下を持つとき、最初に「いま困っていることを三ついいなさい」と尋ね、仕事に差し障りになるような要素を取り除く手助けをしてきたという。少しでも「重石」を外せば、能力を伸ばす下地ができると思ったからである。

そのとき樋口が自ら戒めたのが、ひょっとしたら上司自身こそ、実は重石になってはいないかということだ。

たとえばちょっとしたことで、端から「コイツは仕事ができない」などと決めつけたら、それが重石になってしまうだろう。それではどうしようもない。「簡単にレッテルを貼るのは傲岸すぎる」と戒めている。

人の能力を見きわめるのは非常に難しい。セブン－イレブン・ジャパン社長の山口俊郎も「下三日、上三年」という諺を引用して、性急な評価を戒める。部下は上司を三日で判断できるが、上司は部下を判断するのに三年かかるというのである。

第一、その仕事ができないからといって、どの仕事もできないとは限らない。シチズン時計社長の梅原誠は、

「リーダーというのは、部下が持つ無限の可能性を少しでも引き出すのが責務」

と述べている。同じく樋口廣太郎は、

「できないなら、できるように育てるのがリーダーの仕事」

と主張して、ちょっとだけ難しい仕事をやらせることを勧めている。その意図は、部下

のチャレンジ精神をかき立て、実績を積ませることにある。

これは学校でもそうなのだが、教師が子供をバカにして、易しい問題ばかりやらせると、子供は意欲を失ってしまう。「これはちょっと大変なんだけど」などといいながら、少し難しい課題をやらせると、俄然張り切って取り組むものである。

といって、難しすぎて挫折させてもいけない。適性などをわきまえて、そのあたりをうまく按配する目もリーダーには必要である。

経営コンサルタントからヘッドハントされて、ミスミ社長になった三枝匡は、経営を教えるのなら、

「まずはその人間にとって、扱いやすいサイズの組織を与えることが大事」

といっている。そんな加減もできなくて、闇雲に「やってみろ」では部下の意欲をかき立てることはできない。

部下の教育について、樋口は松下幸之助をよく引き合いに出す。幸之助は部下に何かやらせると、「ありがとう」といって誉めながら、必ず「ここはもうちょっと何とかならんか」と注文をつけたという。それが度重なっても、成果を認めてくれた上でのことだから、みな喜んで頑張った。つまり「経営の神様」は育てるのもうまかったのである。

日本電産の永守重信ははっきり、

「リーダーになりたいなら部下を育てろ」

という。すでに述べたように、リーダーというのは部下をいかに動かすかで業績を上げていく。そのためには、しっかり働ける部下を育てる必要がある。いいクルマに乗らなければ、いいレースはできない。部下の力が付けば自然と業績が上がって、それが自分自身の業績になるのである。

それだけではない。部下を育てるには、上司はさらに上の力を持っていなければならない。足りなければ自分も勉強する必要に迫られて、互いに成長するというわけだ。

だから、まかり間違っても、「部下が成長したら自分の地位を脅かすのではないか」と恐れるようではいけない。樋口は、

「自分のほうが上だとばかりに、部下と競うようでは失格」

といっている。親が子供の成長を喜ぶように、リーダーたる者は部下の成長を喜ばなくてはいけない。親は子供に教えることができるから、親と認められるのである。部下を育てることは、リーダーへの王道なのだ。

優れた経営者ほど人事は公平

◉おべっか、ゴマすりは愚の骨頂

たいていの場合、取締役を選ぶのは代表権をもった取締役、つまり社長か会長である。したがって、その会社の経営トップがどんな人間で、どんな考えをもっているかによって、取締役選抜の基準は異なってくる。だから、社長や会長のメガネにかなわなければ取締役にはなれない。

それならば、社長や会長が気に入るように振舞えばいいのかというと、そういうわけではない。ゴマすり、おべっかの上手な人間を取締役に選んでいたのでは、経営が成り立たなくなる。賢明な経営トップであればそのことを重々承知しているから、いくらうまいことをいっても駄目である。もし、ゴマすり、おべっかの類で出世できる会社であれば、そこは将来性のない、いずれは衰退する会社である。

NTTドコモをただの分割子会社から、現在の成功へ導いた元会長の大星公二は、常務取締役の榎啓一について、

「いちばん私に楯突いた男を選びました」

と語る。NTTドコモといえば、iモードである。当時、会社の営業成績はかんばしくなかった。横這いからマイナス成長に向かうという悲観的予測が出ていたところ、大星がiモードの将来性を確信して導入を断行、大ヒットとなったのである。

しかし、社内では当初、反対意見ばかりだったという。中でも会議のたびに「社長、この計画は間違っています」と、しつこく反対を表明する支店長がいた。まわりでも、「あんなに社長に楯突いたら出世に響くだろう」といわれるくらいだったという。ところが事業化に際して、何と大星はいちばん嚙みついてきた榎を担当に抜擢したのである。

自ら「うるさい大星」と認める大星は、

「そんな私にしつこく反論するヤツなんて、なかなかいない。ああやって反論できるということは、心の底から会社やお客さんのためを思う信念があるからです」

と語る。保身抜きで、信念を貫こうとする姿勢を大いに買ったからこそ、大役を任せたのである。

こうした起用法は、しかし榎が初めてではない。亡くなった元副社長の森永範興も、やはり何かと大星に嚙みついてきた一人である。同期トップで常務になり副社長になったの

は、その真剣さを大星に買われたからだった。大星は、

「部下の主体性や創造性、チャレンジ精神、それらを活かす環境を作るのは、リーダーの大事な役割」

という。こんな感覚を持つトップに媚びへつらいは効かない。媚びへつらう者は、つい誰でもそれで懐柔できると思うのかもしれないが、厳しい試練をかいくぐってきた経営トップはずっと上手《うわて》である。誰がリーダーにふさわしいか、ちゃんと見ているものだ。

奇しくも同じく、反対派にその事業を任せたもう一人が、商船三井前会長の生田正治だ。一九九九年にナビックスラインと合併する際、発案した生田に対し、不賛成の立場を貫いた役員がいた。激しい議論になったものの、結局は生田が決断し、副社長クラスでの合併交渉を進めることとなった。その大役に、反対していた当の役員が任命されたのである。

もちろん議論は議論。いったん決定したとなれば、一転して積極的に奔走、素晴らしい形に交渉をまとめ上げたのはいうまでもない。生田は、

「こういう人こそ望むべき部下でしょう」

と賞賛するが、その生田のようなリーダーが望まれているのである。

自由闊達な雰囲気を目指し、社員には専門に関わらず新しいアイデアを求めるという、

東レ社長の榊原定征は、人事についても特に公平を重視してこう語る。

「イエスマンではなく、絶えず何か新しいことを提案し、積極的にチャレンジする人をどんどん評価するシステムにしたい。それがリーダーの努めです」

田辺製薬社長の葉山夏樹も、リーダーの大事な心得として、公平であることを唱える。また、自分自身、人の評価だけは誰もが納得できるよう、公平を最優先に努めてきたと自負している。

「それがあれば、リーダーとして人を育てることができるし、人を引っ張る基本になる」

というわけである。日本興亜損害保険は二〇〇一年に、旧日本火災海上保険と、旧興亜火災海上保険とが合併して誕生した非財閥系会社である。社長の松澤建は融和に心を砕き、役員たちに闊達な意見を求め、最近は松澤に対してもかなり厳しい反論がどんどん上がるという。

そうでなければ会社の発展はないし、何より公平なリーダーなくして会社の発展もあり得ないことだ。富士ゼロックスの小林陽太郎も、

「意見は意見。反論する相手を嫌ったり遠ざけたりする上司は失格」

と断じている。公平かどうかが、リーダーの資格として厳しく問われるのである。

東洋製鋼、ツガミなど、二十社にのぼる会社を建て直して「再建の神様」と呼ばれた故大山梅雄は、「役員は任期二年の臨時工」と厳しい役員観をもっていたが、「役員人事に情もからむのでは？」という質問に対してこういっている。

「社長に対して何かにつけておべっかを使って近づいてくる者がいるが、そんなのはまったく信用できない。役員会でも社長のいうことにうなずくくらいなら許せるが、ゴマをするのは駄目だ」

そして、大山は「社長の発言を一所懸命聞いて、それでもわからなかったらどんどん質問すればいい」という。これが肝心なことなのである。経営トップはそれぞれの経営観、人材観をもっている。「経営はこうあるべきだ」「こういう人物が人材だ」というトップの考え方を学び、その要請にこたえるよう努力すること、これが、大事なのである。

たとえば、大山は「年功序列はよくない。学歴も関係ない。滅私奉公の仕事人間では駄目（大山はディスコにいって遊んでいたという）。向上心のあるものを買う」と語っているが、その言葉とおり、ツガミ時代に向上心がある人物を、課長からいきなり取締役に抜擢している。

ワコールの創業者である故塚本幸一は、

「役員を選ぶのに科学的手法はない。しかし、絶対にいれてはならないのが個人的な好みだと思う。自分のまわりにイエスマンが多くなってしまうからだ。『親しむべし、馴れるべからず』が私の信条だ」

といい切っている。おべっか、ゴマすりは端から見ていて見苦しい。経営トップであれば、それに気づかぬような間抜けではない。取締役を目指すのなら、堂々と王道を歩むべきである。

◉多様化してきた取締役への道

出世の道のりは時代によって、また会社によって違ってくる。戦後すぐの頃は「労務畑」の人間が出世コースの一番手だった。戦後の新憲法のもとで労働組合が認められ、労働者の権利意識が急激に高まった時代である。

各地、各会社で激しい労使争議が頻発して、労務対策が会社の死活問題になっていた。モタモタ対応して長期ストライキなど起こされてしまえば、会社の経営は立ちゆかない。労組とうまく付き合う技量と経験が、経営者として必須の条件だったのである。

そして高度成長期にはいると、「経理畑」の人間が出世コースの先頭に立つようになった。資金調達が企業成長の最重要課題となったからである。

それでは現在はどうかというと、「出世コース多様化」の時代である。金融ビジネスなどの高度化もあって、経理・財務畑の場合もあるし、メーカーであれば技術者、ビジネスの国際化ということでは語学ができて外国人とつき合うセンスのある者などが求められる場合もあり、「ここが出世コースだ」というはっきりした区分けがなくなってきている。

要は厳しい「大競争社会」の中、どんなコースを来たかという「形」ではなく、本当に経営する力を持っているかいないかという「実質」に、選択のポイントが移っているということだ。

たとえば三菱電機の野間口有は、中央研究所所長を務め、博士号を持つ。三菱電機自体も歴代、技術系出身者が経営を担ってきた。しかし、野間口は自分のことも含めて、

「何系であろうがなかろうが、リーダーの選択には関係ない」

と断言する。

「優れた技術者なら、同時にしっかりした経営感覚を併せ持っていて然るべきだから」

ということなのである。もちろんリーダーとなれば、財務や経理にも通じておかなくてはいけない。

反対に、いわゆる経理や財務出身でも、技術などを深く理解する能力が求められる。いずれにしても、経営トップは全てを知っていなくてはいけないのだから、コースには意味がないということになる。

出世コースの多様化ということでは、子会社への出向者が本社の役員として返り咲くというケースも現れている。かつて「子会社出向」といえば、「左遷」であり、サラリーマン人生の「アガリ」であったが、最近は出世コースの一つになりつつある。その先鞭をつけたのはソニーであろう。

ソニー前取締役会議長の大賀典雄は子会社のCBSソニーに出向し、CBSソニーを業界トップに躍進させた。その業績をひっさげて本社に副社長として戻り、岩間和夫前社長の急死の後を受けて社長に就任した。子会社出向はその人物の経営能力を試す格好の場だというわけである。

東レ副会長の平井克彦も五年間の出向を経験しているし、また、異例の経歴で周囲を驚かせたのが、帝人会長の安居祥策だ。何と、サラリーマン生活四〇年のうち二〇年を出向、一〇年を海外勤務で過ごした末に、五七歳という遅い年齢で取締役になったばかりか、社長、そして会長にまで昇り詰めてしまった。

いくつもの会社を作っては渡り歩き、幅広い経験を積んだのが、取締役になってから大いに役立ったという。だから安居は、

「若い社員にはなるべく出向や海外法人トップの経験を積ませたい」

と考えている。

こういうことから、企業によっては「出向による役員コース」を制度化するところもでてきている。メーカーでは東レが優秀な人材を積極的に関係会社に出向させる方針を打ち出しているし、建設業界では長谷工コーポレーションが、本社役員を子会社に出向させるが、そこで終りというのではなく、出向者が同じ身分で本社に戻れるというルールを確立している。商社では伊藤忠商事が出向しない者は取締役にしないという「キャリアパス制度」を採用しているという。このように「出向」は左遷ではない時代になってきているのである。

また、これまでは部長の上が取締役という形だったが、そのあいだに「理事」という職制をおき、理事の中から取締役を選ぶという企業もある。理事は取締役予備軍というわけである。

たとえばキッコーマンがそうである。ファナックも管理職の中から常務理事を選び、常

務理事の中から役員を選んでいる。

部長と取締役の間にワンクッションをおき、社長たちはそこで取締役としての資質、能力などをチェックし、また取締役からすれば経営者としての自分を鍛えるチャンスが得られるというわけである。

このように、いまやさまざまな角度から「取締役選抜」が行われている。より厳しい競争を強いられる経営環境の厳しさが、取締役を選ぶ際にも強く影響しているようである。これまでのように論功のあるものが選ばれるとか、年功序列というような硬直した選抜基準ではなくなってきている。これからの時代は、半端な考え方、半端な生き方では取締役にはなれないのである。

第3章　取締役に求められる人間的条件

こんな取締役に人はついてくる

◉人望力こそリーダーの第一条件

「取締役」とは経営者のひとりであり、社長を補佐する経営幹部である。つまり、名実ともに「リーダー」である。したがって、「取締役の条件」とは「リーダーの条件」に他ならない。

「リーダーの条件」としてまず第一に挙げなければならないのは「人望力」である。「人望なき男」は人の上に立てない。

では「人望」とは何か。一言でいえば、人から恋い慕われる人間的魅力をもっているということである。「あの人にお願いしよう」「あの人のためなら一命を投げ出す」と思わせる人間的な魅力といえよう。

「人望力」というと思い浮かぶのは、前にも述べた漢の高祖となった劉邦である。司馬遼太郎の名著『項羽と劉邦』の一方の主人公といえば、「あの男か」と思い出される人も多いであろう。

劉邦という男は農民の出であった。一方、項羽は名門の出で、強大な力を有していた。しかし、最後は劉邦が項羽を破り、始皇帝で有名な秦が滅びた後の乱世をまとめ、漢を打ち立てた。

劉邦は決して戦争が上手な男ではなかった。勇猛な武将ではないし、優れた戦略家でもなかった。現代でいえば、「セールスさせても成績が上がらない」「事務をさせてもミスばかり」という「落ちこぼれ社員」であった。その証拠に幾度となく項羽と戦っては敗れ、あちらこちらを転々と逃げ回っている。

普通の男なら劉邦のごとく何度も戦いに敗れ、逃亡する状況に陥ったら、そこから復活するのは不可能だろう。しかし、劉邦は連戦連敗しながらもしぶとく残った。そして「ここ一番」に勝って勝利者となった。

それを「運」といってしまうのはたやすいが、劉邦の勝利は「運」だけではない。筆者は最大の要因を「人望力」だと考えている。どんな苦境に陥っても「人」が劉邦を見捨てなかった。だから、劉邦はかろうじて歴史の舞台に残れた。それが最後の勝利につながったと考えるからである。

劉邦は農民の出だったので、譜代の家臣をもっていない。先祖代々仕えてきたという家臣はいなかったのである。

それでは劉邦には有能な家臣がいなかったかというと、そうではない。非常に優れた人間たちが劉邦につき従っていた。なかには項羽の重臣さえも劉邦の家臣になっている。「男に男が惚れる」という言葉があるが、これは「この人に自分を賭けてみよう」と思わせることである。劉邦には「男が男に惚れる」魅力があったのである。

たとえば、劉邦の家臣は劉邦が戦に敗れて逃亡の旅にでたときも、決して劉邦を見捨てはしなかった。逃亡しているときは給料がもらえないのはもちろんのこと、どこで襲われ、命を落とすかもしれないという状況である。現代に置き換えてみると、会社が倒産し、住むところも食べる手だてもなく、債権者に追われてあてのない放浪の旅にでた社長に、重役たちが従っているということになろう。もちろん、優秀な人間には「うちにこないか、高給で召し抱えるぞ」という声がかかったに違いない。しかし、家臣たちは劉邦の側を離れなかった。

劉邦に惚れたのは部下だけではない。民衆もまた劉邦に惚れた。項羽が一度は天下をとったように見えたが、民衆の離反によって都を捨てざるを得なくなり、結局は劉邦に滅ぼされた。民衆は劉邦の人望にひかれて項羽を見限った。その民衆の支援があって、弱小であった劉邦は強大な力をもった項羽に勝てたのである。

この項羽と劉邦の戦いを現代流に解釈すれば、初めから有能な社員を擁し、大資本家であり、優秀な営業マンでもあった項羽は、一度は圧倒的なシェアを握ったが、消費者に見捨てられた。資本力もなく、人材も自分で集めなければならなかった中小企業の劉邦は、新商品をだすたびに項羽カンパニーと争って敗れていたが、部下の力を合わせ、消費者の心をつかみ、とうとう天下分け目の決戦で項羽を破って、倒産に追い込んだということになろう。

項羽と劉邦の故事は、結局のところ、人望のある人物がリーダーとして成功することを教えてくれる。「人の上に立つ者」は本人の能力よりも何よりも、まず人望がなければならないのである。人望のない者はリーダーとしての基本的な能力を欠いているといってもいいだろう。

心を摑むリーダーとして樋口廣太郎が思い出すのは、かつて若いとき、住友銀行で秘書として仕えた故堀田庄三頭取である。ふだんはほとんど口を開かない寡黙な頭取が、たまに語る言葉一つひとつに尊敬の念を深めたという。

たとえば、前々から注意しなくてはと思っていたことでも、堀田は決して「前から思っていたけど……」とはいわない。必ず最初に、「今、気がついたんだけど」と前置きするというのである。そのほうが、同じ叱られるのでもずっと救われる感じがある。叱る相手に対し、そんな気づかいをしてくれる堀田に、樋口は無限の大きさを感じたという。

また、そのころ樋口は仕事の関係で、後に「野村證券中興の祖」と呼ばれた故奥村綱雄社長と会うことが多かった。実は奥村は、樋口が最初に就職した野村證券の上司だった。しかも、配属された支店が閉鎖になると、転職先を紹介してくれたうえ、樋口が京大に入るためにそこを退職してしまった際も、気分を害するどころか合格を心から喜んでくれたという恩人である。このことひとつとってみても、誰もができることではない。

その二人が奇遇によって再びまみえたわけだが、そのとき奥村はこういった。

「堀田さんのような素晴らしい人は世界にも少ない。自分は全くかなわない。大事にしなさい」

奥村は、堀田とは京大の同期である。エリートであるほど互いにライバル意識は強いから、ふつうならこんな手放しの賞賛などできるものではない。樋口は尊敬する上司を誉められた嬉しさと相まって、奥村の心の広さに感じ入った。すると今度は、樋口に対してこういったのである。

「うちの秘書が、アンタにお世話になっているといっていた。ありがとう」

二重、三重の心配りと、そこから感じ取れる深い気持ちに、樋口は心服してしまったという。いずれも、「人がついていくリーダーとは何か」という答えを、如実に示す話である。

ただし、たとえ同じ物言いでも、心底に小ずるい計算があったとしたら、人の心は動かない。人を動かすのがリーダーなら、人の心を動かす大きく誠実な人格を持つことが、リーダーを目指すために何より大事ということである。

◉人望力もうひとつのつけ方

先に紹介した「劉邦の人望力」は天性のものといっていいだろう。今、われわれのまわりを見回しても、「人から好かれる」人間と「人から好かれない」人間がいるのに気づくはずである。

経団連会長を務めた新日鉄の故斎藤英四郎などは人から好かれるリーダーの典型だった。

人望篤い経営者はたくさんいるが、斎藤の場合は特別である。何しろ、就任前からマスコミなどでも「前会長に比べ頼りない」「できる人ではない」などと露骨にいわれながら、結局、経団連会長という要職に一期ならず二度までも選ばれてしまったのだ。これこそ、その大柄でおっとりした風貌どおり、斎藤の人徳によるところが大きかった。

現在でいえば、日産自動車のカルロス・ゴーンも、やはり人を魅了するリーダーの代表だろう。非常に積極的でタフな印象がありながら、それが嫌味にならず、斎藤英四郎と同じく一見しただけで明るく暖かいものが伝わってくる。マスコミが何かとゴーンを取り上げるのも、彼の頼りがいのある魅力的なキャラクターにニュースバリューがあるから、つまり視聴率アップに貢献すると判断したからに違いない。

確かに斎藤やゴーンのように、「別にそうしようと思っているわけではない」のだけれども、自然と人が集まってくるというタイプの人間がいるものである。こういう人物に「どうしてそんなに人が集まってくるのか。何か秘訣があるんでしょう」と聞いても、「さあ、別にないですよ」と答える。本人が人に好かれようと意識して努力しているわけではないのだ。

その反対に一生懸命にやっているのだが、人が集まってこない、人から好かれないタイプもいる。「人望力」が天性のものだといってしまったら、「じゃあ、とりわけ人望があるわけじゃない人間はいまさらどうしようもないのか。俺はどう頑張ってもリーダーになれないんだ」と思うかもしれないが、天性の「人望力」にはかなわないまでも、「人望力」には後天的な要素もある。天性の「人望力」をもっていない人間に芽がないかといえば、そんなことはないのである。

人望というのは、文字通り人が望むことをするから生まれるものである。逆に、人望をかちえようとするなら、「人が望まないことをするな」ということでもある。社長になるような人間は、ただ仕事ができるだけでなく、多かれ少なかれ人望に足る魅力を備えているものである。ところが、ジャパンエナジー社長の高萩光紀は、

「私にはカリスマ性がない」

と謙遜する。カリスマという言葉は本来、「教祖」といった宗教的な意味をもつものだが、広く考えれば「人望を一身に集める人」ということにもなるだろう。大勢の人間をまとめる社長としては、カリスマ性はほしいし、多少でもなくてはならないものである。しかし高萩は自身に対して、「リーダーの素質もない」という。では、その「弱点」をどうやって補ったのか。高萩は、

「かつて自分が上司からしてもらって嬉しかったことを手本にして、自分もそれを実行しただけです」

と語る。人間とは勝手なもので、大人になると子供時代にイヤだったことを忘れ、自分が子供にイヤがられることをする。会社でも上に上がった途端、自分がやられて不平を抱いていたはずのイヤなことを、平気で部下に押しつける。それでは人望は生まれない。

高萩の場合、特に注意を払っているのがコミュニケーションだ。部下に命じた仕事の意味や目的を、しっかり納得できるよう明確に説明するのである。そうすれば押しつけにならず、部下は仕事に対して自発的な意欲が湧く。だから、「オレがいったようにすればいいんだ」といった押しつけはしないよう、格別に心がけているという。

だいたいにおいて、人間というものは自分に得することをしてくれると、「あの人はいい人だ」となる。たとえ前々から虫の好かない相手でも、何か高価なプレゼントでもされたら見方が変わるだろう。

一方で、どんなに世間で人望を集めている相手でも、自分をぶん殴ったら決して「いい人だ」と思わないだろう。いずれにせよ評価の基準は、わが「利益」に左右されがちだ。これはちょっと皮肉すぎる言い方ではあるが、そんな傾向がないとはいえないだろう。

だとしたら、自分も部下も会社も含めて、みんなの利益を常に考えることが、人望を集める一つの道になる。食卓の料理を自分だけ食べる人より、みんなに取り分ける人のほうが好意をもたれるのはいうまでもない。食事も楽しくなって、自分も得をする。ただし、肝心なのは与える利益そのものではなく、与えようとする心である。

◉人望をいかに集められるか

ＩＴ（情報技術）が発達し、コンピュータであらかたの業務がこなせるようになったといっても、会社経営やビジネス取引は、結局、人と人との関わりで成り立っている。同じ条件の商談でも、人間関係によって成立したり、あるいは御破算になったりする。

日常の業務でも、部下を発奮させ、ドンドン売り上げを伸ばす上司がいる一方、全く腐らせてしまって業績を沈滞させる上司もいる。人間次第なのである。だから、キリンビールの荒蒔康一郎はいう。

「リーダーの基本として、人の心をつかむことが何より求められます」

その心を荒蒔は、「感動して喜べるハート」と呼ぶ。いつも離れた場所から他人事のように見ているだけではダメ。人の心に対して、自分も心で応える「熱い」ハートが絶対に必要というのである。

もちろん、ここでいう「人」は、社内の従業員や取引先、顧客など、接する人間すべてを指す。その人たちを熱く引きつける何かがなければ、いくら仕事ができても支持されず、リーダーにはなり得ないのだ。

戦国武将においても同じことがいえよう。いくら戦のうまい武士であっても、民衆の支持を得られないリーダーは領国経営に失敗して滅びている。戦争に勝っても自滅していったのである。武田信玄はリーダーの失格者をこういっている。

「わが国を滅ぼし、わが家を破る大将、四人まします。第一番は馬鹿なる大将、第二番は利口すぎたる大将、第三番は臆病なる大将、第四番は強すぎたる大将なり」

その信玄の言葉どおり、武田家は勝頼という「強すぎたる大将」によって滅びている。勝頼は蛮勇といえるほど「強い」ことを意識する武将だった。「戦に勝つ」ことを至上の問題と考え、家臣の気持ちや領民のことは二の次であった。長篠の戦いに敗れ、家臣も領民も疲弊しているのに、甲府に城を築くというような無茶をした。これでは領民の支援を得られるはずがない。それどころか、あまりに一方的な大将のあり方に、家臣の支持も失われてしまった。

その結果、天目山の戦いで敗れ、重臣のひとりである小山田信茂の裏切りもあって、悲劇的な最期を招来してしまうのである。武田家が滅びた後、甲斐の領民たちは武田の残党狩りに血眼になったといわれている。ここまで嫌われてしまえば、武田が滅亡するのも当たり前という気がする。武田勝頼の最期は「人望」を失ったリーダーの厳しさを物語っている。

一方、勝者となった織田信長は暴君のイメージが強いが、領国経営では希にみる名君であった。楽市楽座に見られるように、特権をもつ商人たちだけが商売ができるという習慣を改めた。また、関所を廃止した。いまでいうところのディレギュレーション、つまり規制緩和を行ったのである。これは商業を興した政策であるが、これによって織田信長の領国には物資が流れ込み、人々の生活は豊かになった。

さらに、戦国時代に初めて傭兵制度を取り入れたのが織田信長である。それまでの戦国大名たちは、自分の領地をもつ豪族が領民のなかから兵を集め、兵糧や資金も自前で調達し、それを率いて大名の元に集まり、戦争をするという「共同組合」のような組織であった。織田信長はそれを近代化し、兵は織田家が雇いいれ、それを武将たちに与えるというシステムをつくった。これは領民からすれば戦争に駆り出されることがなくなったということであり、歓迎すべきことであった。

信長が傭兵制度を採用したのは領民のためだけでなく、豪族の共同組合的な大名ではなく、自分に権力を集中するためでもあり、また農繁期には兵を動かせないというような不便さをなくすことで、年がら年中戦争ができる態勢をとるためでもあった。

このように近代化された織田家中は、現代の企業と同じような組織であった。だから羽柴秀吉や明智光秀のような「自分の経営する領地」をもたない流れ者が採用され、実力に応じて出世できたのである。

羽柴秀吉は一介のサラリーマン、それも雑用係として入社して、その仕事ぶりが社長の目にとまり、花形の営業部に抜擢され、主任、係長、課長と出世して、とうとう近江長浜に領地をもつ大名になった。明智光秀は課長クラスの待遇でヘッドハンティングされ、近江坂本と丹波丹後を領する大名になった。現代風にいえば、秀吉は「近江長浜担当常務取締役」であり、光秀は「近江坂本兼丹波丹後担当常務取締役」である。

この二人は武将としてだけでなく、領国経営者としても有能な人材であった。秀吉の名経営ぶりは有名だが、明智光秀もまた「いまでも丹波篠山では悪くいう人はいない」といわれるくらい領国経営で善政を行った名経営者である。織田家中のなかでも出世頭の秀吉と光秀だが、彼らの出世は戦いに勝ったという論功だけではなかったのである。

戦争がうまいというだけだったら、人に厳しい信長が自分の代理人として領国経営を行う大名、すなわち取締役の椅子を与えるはずがない。

織田家の重臣である柴田勝家は越前を与えられ、上杉謙信と対峙させられているし、秀吉や光秀と同じ中途採用者の滝川一益は関東管領として北条氏と対峙させられている。柴田勝家は勇猛な武将として知られているが、その一方では「情けのある」武将として家臣から信望を集めていた。

しかし、信長は彼らさえも「最前線」担当の取締役とした。とくに民衆の支持を重視した信長が、秀吉と光秀に近江という豊かな地域の経営を任せたということは、経営者としての才能のなかでも広く「人望」を集める力があると見たからであり、民衆の支持を得て年貢を無理なく徴収できると判断したからである。多くの人たちから人望を集められなければ真のリーダーにはなれないのである。

このバックボーンが人間的幅を広げる

◉自分の信念をどこまで貫けるか

取締役の条件として、まず「人望力」をあげたが、それに加えて何が必要かというと、具体的にいえば「信念」、そして「哲学」ということになる。

オリックスの宮内義彦は、「取締役五人論」というユニークな持論を持っている。「取締役五人論」とは本来の取締役は一社に二人から三人いれば十分で、多くても五人が限界というものである。そして「経営全般にタッチする者は少数でなければならない」という。

なぜなら社長と経営の連帯責任をとるべき取締役は、場合によっては社長を敵に回しても正しいと思うことを貫こうという態度が必要になるからである。こんな取締役が一〇人も二〇人もいたら収拾がつかなくなる、というのが「取締役五人論」の理由である。

非常に逆説的な論ではあるが、取締役には「自分が正しいと思うことを貫く」、すなわち自分なりの信念とそれに基づいた行動がなければならないというのは、非常に重要な指摘である。

本田技研工業元社長の久米是志が本田技術研究所の取締役になりたてのころ、本田宗一郎と大喧嘩をしたというのは、いまやホンダの伝説になっている。

当時、本田宗一郎は空冷エンジンに惚れ込んでいて、「空冷で世界を席巻するんだ」と意気込んでいた。本田の持論は、

「水冷エンジンなんて、水がなければ走らないじゃないか。第二次世界大戦で、砂漠の狐といわれたロンメル将軍が北アフリカ戦線でイギリス軍に勝ったのは、フォルクスワーゲンの空冷エンジンを使っていたからだ。苛酷な環境で使われる戦車は空冷を積んでいる」

というもので、ことあるごとに空冷エンジンの優位性を主張して譲らなかった。しかし、久米ら若い技術者たちは水冷エンジンを支持していた。当時、アメリカで自動車の排気ガスが大きな問題になり始めており、いずれは日本でも排気ガス規制がされるようになる。そうなったら、エンジンを低い温度で回転させる水冷エンジンでなければ対応できないと考えていたのである。

本田と久米は正面からぶつかって大論争となった。久米は、創業者であり社長である本田宗一郎に屈することなく、自分の意見を強く主張した。「はい、そうですか」「社長がそうおっしゃるなら」といって引き下がるようなことはしなかったのである。もちろん、本

田も引き下がらない。

すると久米は「こんなわからず屋の石頭の社長の下で働いていられるか」と出社拒否にでた。久米のボイコットは一ヵ月続いた。結局、副社長だった故藤沢武夫が二人のなかに入り、本田を説得して、水冷エンジンを認めさせたのである。

弱冠三八歳の取締役がオーナー社長と堂々と渡り合い、「自分の正しいと思うこと」を貫き通したのである。その結果生まれたのが、低公害・省エネの画期的なCVCCエンジンという技術であり、このCVCCエンジンを搭載したシビックが、ホンダを二輪のメーカーから四輪車メーカーへと大きく脱皮させたのである。一人の平取締役の信念が企業の将来を大きく左右することもあるのだ。

◉成功した経営者が掴んだ哲学とは

「信念」とは「自分がこれだと思ったこと」である。それをどこまで貫けるかどうかは別としても、人間ならある程度の「信念」はもっているものである。よく「あの人は一家言ある」などというが、「一家言」も一つの信念である。

経営をする人間にとっては、信念をもう一歩進めて「哲学」に至らなければならない。

なぜなら、「経営に正解はない」からである。経営とは入試テストのようにあらかじめ問題が設定されて、したがって必ず一つの正しい答えがあり、それを探すというものではないのである。自分で問題をつくり、自分で解決するのが経営である。

「自分で問題をつくる」ということは非常に難しいことである。「どういうふうにして問題をつくるのか」、「問題をつくったとして、それが的を射ているのか」、「自分のつくった問題に解答があるのか」、「もし、問題が間違ったもので、正解がなければ会社は倒産してしまうのではないか」……こんなことを頭で考えていたらどうしたらいいのかわからなくなる。

人から命令されて仕事をしているときと異なり、経営者として仕事に携わっていると、「自分はどうしたらいいのか」がわからなくなるときが必ずやってくる。だから、経営者であれば誰でも、自分のバックボーンになる「哲学」を絶対に必要とするのである。

たとえば、松下幸之助には「水道哲学」という経営哲学があった。これは電器製品を水道の水のごとくふんだんに供給することで社会を豊かにしようという事業観である。松下幸之助は「企業家として何をなすべきか」悟ったことを非常に重要視していたといわれている。また、その跡をいま継いでいる松下電器産業社長の中村邦夫も、真っ先に、

「企業は社会の公器であることを忘れてはいけない。時代を超えた当然の理念だ」

と述べている。セコム社長の木村昌平も同じく、

「会社にとって正しいかということではない。社会にとって正しいかどうかを、経営の判断基準にしている」

という。だから、たとえ会社の利益を生むことがハッキリしていることでも、社会に不利益だと判断すれば手を出さない。コンプライアンス（法などの遵守）経営ということだ。

逆に有益と判断すれば、売れる売れないに関わらず、使命として取り組む。そのいい例が「ホームセキュリティシステム」や、今、最高の収益を上げている「ＳＰアラーム」だ。全く売れない時代があったが、あきらめなかった。これは創業者・飯田亮の「会社の利益のみを追うと道を誤る」という戒めを受け継いだものである。木村は飯田の大ファンだから、

「人生観にも通じるものとして守りたい」

と語る。優れた経営者というのは、高い位置に昇るほど、会社という枠だけでなく広い社会にまで視界が広がって、「社会の中の企業」というものを考えるようになるのである。

社会にとって正しい会社を目指すという点では、京セラ名誉会長の稲盛和夫も人後に落

ちない。稲盛和夫が自分の会社、つまり京セラの前身、京都セラミックを興したのは一九五九年のことだった。勤めていた碍子メーカーを辞め、当時の上司や部下がついてきてくれた。そのとき稲盛は、自分の技術を世に出すために会社を作ったつもりでいたのだが、同時にその仕事や会社の存在意義に深く思いをいたすこととなった。

存在理由のない会社は社会から消えていく。社会や人々のためになることが存在理由だと稲盛は結論をだしたのである。それを端的に示すのが、

「利益を汚く追求しない」

という発言である。今や京セラは無借金経営の下、売り上げは一兆円以上。しかも、税引き後利益が一〇％を超えるという超優良企業になっている。ときに「汚く儲けている」というやっかみが聞かれるとしても不思議はない。当の稲盛は、自分の会社を大いなる創造性と努力で業績を築いてきたと自負しているが、他方、どこかで不必要に儲けすぎているのではないかという、恐れのようなものを抱いた時期もあった。そこで先の言葉が口をついたというわけである。

しかし、稲盛は結局、私利私欲を追うのでない限り、利益追求は企業として当然のことと思い至った。利益が出れば、その半分は税金として国や地方を潤し、人のためになる。

残った利益を預金すれば銀行のためになり、こちらには利子となってまた利益を返してくるといわけだ。

それに何より、そんな会社が大きくなれば、より大きな雇用を生み出して社会に貢献する。社会の公器と呼ばれるのは、いうまでもなくこうした働きが期待されるからである。

逆に利益を上げなければどうなるか。昇級もボーナスもままならず、企業としての将来は危ういだろう。稲盛にとって、松下幸之助がいった「天下の資材と人材を費やして赤字を出す企業などもってのほか」という言葉が支えとなった。

もちろん、汚い手口や考えで利益を追求するのはよくない。しかし、利益を出すということは正義であり、そのために会社は社会に存在を許される。稲盛が考える会社経営の根本には、こうした確固たる哲学が存在するのである。

売り上げ五〇〇〇億円。家電量販店業界でヤマダ電機と日本一の座を競うコジマの二代目社長、小島章利が語る哲学は、「良い商品を安く売ってお客様に喜んでもらい、それを自分の喜びとすること」である。

原点は、戦後、父である創業社長が宇都宮で商売を始めて、東京の電気街・秋葉原から安い品物を仕入れて担いで売ったとき、お客とともに大きな喜びを感じたという。その父の気持ちが経営理念となったのである。社員がその理念を理解しているかどうかは、客に向ける笑顔にハッキリと表われるという。

「その違いによって、同じ歳でも出世する人間としない人間とに分かれる」

と言い切るのは、いかにもその理念を大事にしていることの表われだろう。利益を追求する企業も、それだけでは大きく発展しないのである。

経営というのはきれいごとだけですむものではない。経営の現場とは人間のドロドロとした欲望や嫉妬、その他諸々の汚い事実と直面しなければならない。だからこそ自分の支えになる確固とした哲学がなければやっていけないのである。

◉なぜ史観は経営センスを磨くか

「あなたはどんな歴史観をもっていますか」と尋ねられたら、どう答えるだろうか。「歴史観と経営とどんな関係があるのか」「歴史のことは歴史学者に任せておけばいい」というようでは駄目である。

もちろん歴史を知らなくても、歴史観を持たなくても、会社を運営することはできる。ひとかどの経営者なら、たいてい独自の経営哲学や経営理念といったものを経験から導き出して、それなりにうまくやっている。とりあえずうまくやってきたから、「成功哲学」になったのである。経営スキルや運営システムを磨けば、一応は事足りるだろう。

ただ、ひとりの人間の、せいぜい数十年程度で経験する世界は小さく狭い。そこから導いた「哲学」や「理念」というものは時に独善ともなり、それゆえの過ちを犯す危険をはらんでいる。また、社会は非常に複雑で、しかも常に変化している。それだけに、普遍性に欠けた哲学では、昨日まで通用したとしても、明日も通用する保証は全くない。

一方、歴史をよく観察すれば、すでに先人たちがあらゆる事態に直面し、あらゆる解決を試みて、その結果もハッキリと示されていることを知るだろう。つまり設問と答えが出ているのだ。そこから普遍的な歴史観、「歴史の方程式」を導けば、自己の「哲学」を補って、より間違いのない確固たる経営の指針を得ることができる。

だから過去の歴史に学ぼうとする経営者は昔から多い。かつては山岡荘八の『徳川家康』など、何巻にも及ぶ大作がベストセラーとなり、経営者の愛読書となったものである。今でも様々な歴史物が連綿と読者の支持を受けているのは、やはり歴史から哲学、方程式を汲み取ろうとする欲求が強くあるからだろう。

歴史観を持つということは、今日の決断や、明日の洞察を確かなものにしてくれるということだ。たとえば、日本経済に限っても、戦前はどうだったのか。戦後の困難をどう乗り越え、そして今の苦境にどうして陥ったのか。そんな歴史を探求するだけでも、リーダーにとって利するものは大きいはずである。松井証券の松井道夫も、そういう意味で「リーダーは歴史観を持て」という。

「歴史観がないリーダーは時代を読み誤る。社長の失敗は誰よりも大きいコストを費やすことになる」

というのが松井の持論である。狭い判断から会社をミスリードしたら最後、人件費とか開発費とか家賃とか、そんなことよりはるかに大きい損失を負わせてしまう。会社経営の成り行きは、小手先の経営手法以前に、まずはリーダーの歴史観、時代認識にかかってくるというわけだ。

実際、優れた経営「哲学」を持っていたはずの多くの経営者が、バブル崩壊で軒並み足をすくわれたのは、そうしたことと無縁ではなかっただろう。

たとえば、古くは一六三〇年代にオランダで起こったチューリップ暴落事件。当時、ヨーロッパ最大の金融市場を擁していたオランダで、チューリップの売買が沸騰し、最高潮時には庶民の年収一〇年分もの高値が一つの球根についたという。今の日本なら数千万円というところだろう。それが一六三七年、「普通」の値段に大暴落したのである。

後年のバブル日本にとって、これだけでも警告となるはずだった。そんな大昔でなくても、似たような例はいくらでもある。かつてアメリカでも土地バブルの崩壊があった。歴史を学び、歴史観を持つことは大事なのである。

取締役の実力は指導力で問われる

◉部下にどう仕事をさせるのが上手い方法か

経営をするということにはさまざまな局面がある。経理担当の取締役になればその仕事の中心は「経理」ということになるし、労務担当の取締役になれば「労務」、営業担当の取締役は「営業」である。

しかし、すべての取締役に共通していえることとは、「取締役の仕事とは『人を使うこと』である」ということだ。経理担当だからといって、取締役が自分で電卓を叩いて決算書をつくるのが仕事ではなく、部下を使って決算書をつくらせるのが仕事である。

これが営業であればなおさらである。営業成績をあげようと、部下と同じように取締役が売って歩いたのでは「取締役」としての仕事をしているとはいえない。もちろん、実際の仕事に取締役がでていかなければならないことはあるが、常時でていって一兵卒と同じように働いていたのでは、会社全体として見たときに、業績は上がらない。

イトーヨーカ堂の伊藤雅俊がこんな話をしている。

「幹部として入社していただく人には『できる限り下の人の力を引き出すようにやってください』とお願いしているんです」

経営幹部たる者は「自分で仕事をすることよりも、部下の力を引き出すこと」が求められているというわけだ。これはすなわち、部下を動かす「指導力」が幹部に必要な能力だということである。

「部下を動かす」「部下を使う」というのは、上から命令すればいいというものではない。部下のやる気を引き出すのが最も肝心である。セブン－イレブン・ジャパン社長の山口俊郎は、

「同じ人間でも、やる気を持ったときとそうでないときではまるで別人」

と語る。違いは成績の数字で正確に表われるという。伊藤雅俊のいう「できる限り下の人の力を引き出すようにやってください」とは、「部下のやる気を引き出すようにやってください」ということなのである。そしてそれがリーダーのなすべき仕事なのだ。

実際、いくら「オレは上司だ。取締役だ」といって上から命令しても、「何だあのやろう。勝手なことばかりいいやがって」と思わせてしまっては、人は動かない。「これこれこうだからオレは頑張る」という意義づけ、動機づけがなされなければ、最低限のことし

か部下はやらないだろう。

穴を掘らせて、またその穴を埋めさせる刑罰がある。人間は自分が意味を感じない仕事は苦痛なのである。では、現実にどうすればやる気を引き出せるのだろうか。

ハッキリといえるのは、上司が公平であることと、無私であること。つまり、自分の利益中心ではなく、部下のことをいつも優先して考える姿勢である。山口はこうした信頼関係が最低限、必要だという。

京セラの稲盛和夫は、サラリーマンとして在籍していた碍子会社時代、部下のやる気を引き出すべく努力した体験が原点になっているという。

その会社は経営が思わしくなく、設備は不十分だった。稲盛が担当した研究開発の仕事自体、地味で汚く体力的にもきつかった。しかし、そんな状況でもしっかりした成果を出さなければ、会社の存亡に関わる。稲盛は少しでも部下のやる気を奮い立たせようと、決して多くない給料をさいて、頻繁に部下を飲みに誘った。

といっても、単なる飲み会ではない。稲盛は部下に、そのとき開発している製品がいかに大きな意義を持つものであるか、学問的な意義や社会における価値など、情熱を込めて懇々と説いたのである。

「京大でも東大でもできないような高度な研究だ。素晴らしい成果を世に出そう」

稲盛の言葉に部下はみな、自分の研究への情熱を奮い立たされたという。人間は常にやり甲斐を求めている。強制や浪花節的な懇願などによってやらせようとしたのではなく、それぞれにやり甲斐を自覚させたのである。これが一番強いのではないか。

樋口廣太郎は、組織のあり方にもやる気を引き出すポイントがあると考える。

「人間として、リーダーも部下も上下はない。肩書で上から押さえつけたり、部下の創意工夫を認めないようでは、やる気を摘む。少なくとも新しい提案をするに当たって、上下関係は邪魔」

というのである。だから樋口は、アサヒビールに着任して早々、味の評価制度を改革した。七年以上のキャリアを持つ研究員全員に、地位に関わらず議決権を持たせたのである。すると若い研究員が発奮、経営会議で二度も突き返されながらも意欲的に新しいコンセプトのビールを提案し、ついにスーパードライのヒットにつながったという。

「上から部下を押さえつけるのではなく、リーダーは前に引っ張るもの」

樋口はサラリというが、これは部下の扱いに自信のない上司こそ胸に刻むべき戒めだろう。同じように、イトーヨーカ堂の伊藤雅俊も、個々の人間を尊重する意義を強調する。

会社というのは社員、幹部の別なく、みんなのチームワークで業績を上げていくものである。そして会社には生い立ちや出身地、年齢、考え方等々、いろいろな人間が寄せ集まっていて、その中でチームワークを発揮しなくてはいけない。

「そのとき重要なのは、個々の人間の価値を認めること」

と伊藤はいうのである。一人ひとりが人格を持ち、自分を意識しているのが人間である。部下ということで十把一絡げに、まるで将棋の駒のように見なされたら面白くはない。そんな上司のいうことは聞きたくないだろう。

リーダーは部下に対して、あくまでも一個の人間として敬意をもって接すること。動機づけは、まずそこから始まるようである。

◉〝自分〟がなければ人は動かせない

命令を自分の言葉で説明できること。これが、取締役と中間管理職との違いを最も端的に象徴するものではないだろうか。すでに述べたように、取締役は命令を下すのが仕事である。誰よりもしっかりした理屈と、そして確信がなければ命令は力を失う。

「また取締役が思いつきを言い出した。本気じゃないくせに」というのでは社員は動かない。「オレはこういう理由でこの命令を出した。絶対うまくいく」と社員を本気で説得できる、熱いものがなければリーダーにはなれないのである。

本田宗一郎は信念の人だった。

「人間は納得しなければ動かない。納得させるには哲学が必要だ。上に立つ者は、誰が聞いても『なるほどそうだ』と納得する哲学を持っていなければ、何万人という社員を引っ張っていくことはできない」

とリーダーの基本、指導力について説いている。リーダーにとって必要なのは確信と、それを構築する論理、根本の倫理なのである。

田辺製薬社長の葉山夏樹は部長時代、自社の卸系列を整理すべきと痛感し、改革を進めようとした。ところが上のほうではその必要を認めず、かなり衝突したという。結局、「強引に」改革を実行したのだが、それまでの長年にわたる経験と考察から、「必ずいつかはそうせざるを得なくなる」という強い確信があったからだと振り返る。

そして、「信念を伝えることも欠かせない」と説くのが、伊藤忠商事の丹羽宇一郎だ。今日のような激動の時代だからこそ確固たる信念が不可欠であるのはもちろん、その上で、「しっかり夢やビジョンを語り、感動を共有することにも努めなくてはいけない」

と語る。仕事の責任が明確になれば、個々に目的意識が生まれ、やり甲斐も湧いて来るからである。花王の後藤卓也も、

「不言実行では人は動いてくれない。リーダーとして失格である」

と言い切る。自分の考えやトップの意向を部下に納得させる能力が求められているのだ。そして、ヒット商品のクイックルワイパーを例に「確信のあることは貫け」と説く。クイックルワイパーは当初、役員全員の反対にあったという。しかし、開発者は掃除機とは違う使いやすさが絶対に支持されると確信していた。だからめげずに何度も説得をくり返し、ついに世に出たのだった。これだという信念を持ったら、決して諦めるなという見本である。

コミュニケーションを大事にするのは、ＵＦＪ銀行頭取の寺西正司も同様だ。政府の経済政策がますます緊迫するにつれ、全国銀行協会のトップも務める寺西は、マスコミに登場する機会が何かと多くなっている。マスコミに意識して出ようとするのは、

「自分のポリシーを、広くうちの行員に知ってもらいたい」

という意図が半分、込められているからだという。確かな信念があるほど、どうしても伝えたくなるものである。

ただし借り物の理屈や意見、価値観ではその人間が語ることにはならない。「伝言」するだけの人間に人はついていくだろうか。本当の「自分」を持っていなければ、人はついてこない。本当に自分の考えとして信念を熱く語るから、その熱を受けて人も信じ、ついていくのである。

◉あなたは使命感に燃えているか

「幹部たる者には四つの条件があります」といったのは、イトーヨーカ堂の伊藤雅俊である。その四つの条件の筆頭に挙げられたのが「決定すること」であり、次ぎに挙げられたのが「決定したことを実行すること」である。

富士火災海上保険会長の石塚銃男は、

「営業で肝心なのは有言実行」

という。決断したら素早く、必ず実行してみせることがリーダーの絶対条件だと断言する。ナムコ社長の高木九四郎は、

「仮に自分の意見と違う結果になったとしても、決定したらそれに向かってパワーを出すことが大事」

という。髙木も自分の意志を持つことが重要であると強調するひとりではあるが、一方、

「決断したら実行あるのみ」

と強調する。ただし、物事は「がんばるぞ」という精神論だけで実行できるなら難しいことはない。大したことのないようなことでも、いざ取りかかってみれば膨大なエネルギーを要するし、思いもかけないような問題がしばしば出てくる。それらを克服し、最後まで本当にやり抜くには、やはりキチンとした実行計画が大事だ。

「言葉だけのリーダーは評価しない。どんなアイデアも実行しなければ意味がない」

と言い切る昭和シェル石油社長のジョン・エス・ミルズは、示されたアイデアに対しては、すべて実行するために必要な行動計画をきっちり出させ、最後までチェックするという。こういう厳格さも「実行力」のうちなのである。

企業の多角経営戦略や新規事業参入が隆盛を極める今日、「決断と実行の人」の好例は、イトーヨーカ堂の伊藤雅俊の下でセブン－イレブン・ジャパンの会長を務め、今日の「セブン－イレブン」チェーンを築きあげた鈴木敏文である。伊藤雅俊がいうところの「決定する。そして決定したことを実行する」を見事にやってのけたのが鈴木敏文だった。

鈴木は書籍取次の大手であるトーハンからイトーヨーカ堂に転職した、途中入社組の一

人である。その鈴木がイトーヨーカ堂本社の重役陣の反対を押し切ってセブン―イレブン・ジャパンをスタートさせたのである。このとき、オーナー社長だった伊藤も賛成していなかった。しかし、鈴木の一歩も後に退かない主張に「そこまでいうなら、君たちでやりなさい」と、しぶしぶ判を押した。

そして、鈴木はそれまで所有していたイトーヨーカ堂の株を売り払い、その代金をセブン―イレブン・ジャパンに投資した。自分の全財産を端からみればどうなるかわからない小さな会社につぎ込んだのである。これは不退転の決意を身をもって示したといえよう。

スタートしても、親会社のイトーヨーカ堂からの資金援助は望めなかった。鈴木は、

「当時のイトーヨーカ堂は財政的に厳しい状況にあり、資金面でのバックアップはあまり期待できなかった。だから、いかに金を使わずに事業ができるか、というところから出発した」

と語っている。こんな逆風のなかで船出したセブン―イレブン・ジャパンだったが、その結果は希にみる成功であった。

結果を見てから考えれば、「一番最初にコンビニエンスストアをやれば、誰がやってもそれなりにうまくいったのではなかろうか」と思うかもしれない。しかし、当時の情勢に

おいては「よくぞやったな」としかいいようがない。いったい何がそこまで鈴木を駆り立てたのか。もちろん、鈴木の意志の強さ、意欲があったことは否定しないが、単に「儲かりそうだ」というような計算で人がここまで強くなれるものではない。

その根底には「使命感」があったのではないか。まだ誰も足を踏み入れていないところに社会のニーズがある。だからそれを自分の手で掘り起こし事業とするのだ、という使命感が、鈴木の「俺がやらねば誰がやる」という強い決意につながったのではないだろうか。

同じようなことがセコム最高顧問の飯田亮にもいえる。飯田は、

「社会に役立つ仕事以外に事業は成立しないと考えている」

という。「使命感」のない事業は成功しない。逆にいえば「使命感」に基づく事業、社会が必要とする事業は必ず成功するというわけである。飯田は警備事業を「社会に役立つもの」と考えていたから、日本警備保障を設立し、その事業自体が世の中からなかなか理解されないという厳しい時期でも、「料金は三ヵ月前納」「三年契約」「契約破棄の場合はペナルティをとる」という基本条件を崩さなかった。

また、飯田は全国にクリニックをつくり、二四時間体制の医療システムの構築に情熱を燃やしているが、このことに関して「一番やりたかったことで、なにより社会に絶対必要

なものだ」と語り、「自分以外にはできない。だからやる」といい切る。

なぜ、飯田が「社会に役立つ事業以外は成功しない」と考えているのか。それは飯田の父親の教えであった。飯田の父親は酒問屋を営んでいたが、敗戦直後の酒の統制で商売ができなくて大変だった。まわりでは闇屋をやって派手に生活している連中がいたが、飯田の父親は、

「あれは社会に役立たないことなんだから、そのうちみんな潰れる」

といったのである。その言葉どおり、二、三年でバタバタと潰れていった。まだ中学生の飯田はそれを目のあたりにして、「強烈な印象」だったと語っている。これがベンチャービジネスの雄・飯田亮を支えているのである。

取締役は経営者の一人であり、上からの指示を受けて動く官僚ではない。自分で判断し、決断し、それを信念を持って部下に実行させるのが仕事である。実行に伴う困難を切り開き、確実に実行にうつしていく実力と、挫けそうなときでも常に部下を励ます確信の強さがなければ、リーダーたりえないということだ。

◉リーダーの器量は掲げた目標で読める

ナポレオンを引き合いに出すと話が大きくなりすぎるかも知れないが、多くの場合、リーダーになるような人間は何かしら大きな目標や夢を持っている。それがあるから自分も迷わず前進していけるし、まわりの人間もそれに共感し、希望を託すことで自然とついていくのである。

逆に、もし全く目標を持たない人間だとしたら、はたしてリーダーになれるだろうか。根本的に成り行き任せ、人任せの人間が、人を引っ張るなんて無理である。あくまで使われる側の立場でしか存在できないに違いない。リーダーの器量の大きさは、ある程度のところまで、抱く目標の大きさで測ることができるだろう。

永守重信の日本電産は、二〇〇三年三月期の連結売上高が二九八六億円を超える大企業である。社員は五万人。永守は小さな会社から創業して以来、まだ三〇年足らずのうちにここまで会社を伸ばし、さらに二〇一〇年にはグループ売上高一兆円、従業員一〇万人を目指すという。猛烈な伸展である。

しかし、大きくなりすぎて、それが企業の存在を危うくするという例はいくらでもある。

「大きくなれば安泰」ということがないのが経済の世界である。スーパーや自動車メーカー、家電量販店、銀行、建設会社、証券会社等々、大企業が傾いた例は数限りない。一方で規模はそれほど大きくないながらも、着実に大きな利益を上げ続ける企業もある。それだけに、「なぜ、そんなに大きくしたがるのか」という疑問が永守に向けられても不思議はないだろう。

それに対し永守は、「雇用創出」を理由の第一に挙げる。確かに企業は大きくなるほど、非効率な部分や難しい部分が拡大してくる。しかし、広く世界を見渡せば、豊かになったとされる今日でも、まだまだ雇用そのものを必要とする人間がたくさんいるのは事実である。人間社会において、なるべくたくさんの人間が働くことのできるようにすることこそ、経営者に課せられた永遠のテーマだというのである。

また、永守は同じ夢や目標にしても、「何もそこまでやらなくても」というくらいのことを掲げなければ、人は信奉者になってくれないと思っている。ナポレオンだって、信じられないほど大きなことをして見せたから民衆は熱狂したのだ。永守は、

「大きなことでも、自分で可能だと確信した時点で、すでに半分は実現したようなもの」と語る。というのは、本人の頭に実現までのイメージができあがっているからだ。人間

の行動は、まずイメージすることから始まる。ふだんから多くの体験を積み、しっかり勉強していれば、知識と発想が豊かになる。すると、難しそうなことでも解決の筋道が頭に浮かび、自然と大きな目標が口をついて出るのである。

いずれにせよ人間が伸びるためには時に背伸びも必要だろう。ちょっと大ボラだったとしてもいい。追い込まれて必死に努力するうちに、本当にできてしまうということは大いにありえる。実際、それを意識してわざと大言壮語する人は少なくない。

京セラの稲盛和夫は、不可能としか思えないことでも「やる」と宣言し、それに社員を巻き込んでしまうという人物だ。

創業して間もなく、ソニーから非常に難しい注文が来たときも、アッサリ受けてしまった。もし失敗したら、二度と注文は来ないだろう。だが、社員とともに不眠不休で注文どおりに作ってみせたのだった。稲盛は、

「成功する人としない人との差は紙一重」

と語る。どんなことでも完成までやり遂げるか、途中でやめるかの違いだというのである。稲盛は社員からほとんど教祖のように慕われている。それは困難で高い目標を立て、そして必ずやり遂げることへの信頼が厚いからである。

まず大きな目標を持つこと。そしてそれが大ボラにならないようにガムシャラに頑張ること。これが大きなリーダーへの第一歩となるようだ。

第4章　逆転のチャンスはこうして摑め

不遇のときこそ自分を伸ばすチャンス

◉失敗を恐れたら成功は掴めない

世界は常に転変する。昨日は通用したことでも今日は通用しない。そして人間は不完全である。だから人生は成功と失敗を織りなしてできあがる。どんなに慎重に生きたとしても、思いもかけない落とし穴というものは必ず存在する。ましてや「成功」を目指して積極的に生きれば、それだけ失敗も多くなる。だがその逆も真なり。失敗を恐れていたら何もできないのである。

松下電器産業で営業を担当していた中村邦夫にとって、最大のチャレンジとなったのが、一九八八年頃にアメリカに渡ったときのことだ。

松下がアメリカにおける販売ブランドとして、パナソニックを使っているのはよく知られている。中村がいくまで、パナソニックというのはポピュラーではあったが、ブランドイメージがあまり良くなかった。市場調査ではかなり下にランキングされていたのである。

専門店で売られるソニーに対し、パナソニックは量販店やアウトレット、あるいは通信販売などが主な販売ルートになっていた。

これでは強い商売ができず、利益を上げるのが難しい。日本ではトップに君臨する松下の誇りにかかわることでもある。中村は一大決心をして、販売ルートや売り方をガラッと変えることにした。むろん勝算はあったし、また現地アメリカでも支持する声が少なからずあった。とはいえ、本当にそれで大丈夫なのか。決断に当たっては、クビを覚悟で臨んだという。

すると、心配したとおり、売り上げが半分以下に落ち込んでしまった。アメリカというドル箱市場のことだから一大事である。当然、非難の声が上がった。しかし、松下幸之助が黙って見つめていてくれたことが支えとなった。はたして期待に応え、一年後には売り上げを回復、見事に結果を出すことができたのである。

たとえば日産のように、もともと経営が芳しくないのを改革するだけでもゴーンという「黒船」が必要だったのに、とりあえず何とかなっているものを壊して変革するとなれば、やはり大変な決断を要する。それを成し遂げたことで、中村は、

「正しいことをすれば必ず良い結果を得られる」

と実感したという。もちろん中途半端な判断ではなく、人事を尽くして検討することが

前提だが、そうした正しいチャレンジなら恐れることはないのである。

その正しいチャレンジについて語るのが、「黒船」として日産にやってきたカルロス・ゴーンである。ゴーンにとって、出会ったリーダーの業績、手法、特徴、行動様式などすべてが手本であり、そこから何をすべきか学んできたという。むしろ反面教師として、「すべきでないこと」のほうこそ学ぶところが大きいというのである。

サラリーマンに限らず、誰でも失敗は怖い。チャレンジを避けたくなるのは当然だが、しかし、ゴーンによれば、失敗は「失敗しないメカニズム」を探るチャンスである。むしろ危険なのは成功だ。慢心をもたらすからだという。

実際に日本では、バブル崩壊後もバブルのときの「成功」方程式を繰り返し、会社を傾けた経営者で溢れている。ゴーンは、

「肝心なのは、絶えず細心の注意を払うこと」

と戒める。少しでも問題になりそうなところが見えたら、放置せずにすぐに対処して、ひどくならないよう目配りする。変更すべきことはすぐに軌道修正し、小さな失敗をそのつど潰していけば、大きな失敗を防ぐことができると言い切る。そしてつけ加えるのが、「完全な人間などいない」という言葉である。

ソニーの出井伸之は、

「マーケットの事情が変化すれば、以前の失敗がむしろ生きることもある」

と語る。ソニーは現在、VAIOでパソコン業界トップスリーの位置にある。かつて失敗して撤退し、ブランクをあけての登場だったが、教訓を活かしてパソコン事業を成功させたのである。出井は、

「むしろ先例にこだわる人間のほうが企業にとって危険」

という。不完全な人間と不確定な世界とのとりあわせでは、本当の未来など誰も予測できるはずがない。だから計画段階でやたら失敗を恐れるのではなく、しっかりした準備や検討、実行に移ってからの経過チェックを怠らないことが肝心なのだ。

不完全を恐れて逃げるのではなく、不完全を補いながら成功に導くのである。そうすればチャレンジは冒険でなくなる。必ずや成功し、リーダーの道を行くことができるだろう。

また、失敗が大きな成功につながるということもある。現在は苦境に立たされているが、何といっても、日本の流通を変えた功労者はダイエーである。中内功はダイエーの出発点となった大阪・千林駅前に「主婦の店ダイエー」を開店したとき、薬ヒグチとの安売り競争で苦杯をなめさせられたことがあった。

開店当初は映画の無料招待券を配って盛況だったが、それから後は、ダイエーとヒグチが「どちらが安いか」を競い合う勝負となった。ダイエーが三十五円で売ればヒグチは三十四円にし、それを知ったダイエーが三十三円にすればヒグチは三十二円にするという、壮絶な「一円値下げ競争」が繰り広げられた。その結果、ダイエーの方の客足が少なくなり、闘争心旺盛な中内も大きな敗北感を味わうことになった。

しかし、この敗北から中内は薬の専売から食料品も扱う店へと業態を変え、これがスーパーマーケットへ発展するきっかけとなったのである。薬ヒグチとの安売り競争で敗れなかったら、いまのダイエーはなかったかもしれない。失敗、敗北がどこでどんな転機をもたらすか、やってみないとわからないものである。

「失敗は成功の母」というように、失敗や敗北が次の大きな成功への足がかりとなることが往々にしてある。これは経営だけでなく、人間の生き方にも当てはまることだ。また、自分の人生で失敗を恐れる者が、経営において積極的に攻められるわけはなかろう。いつどんなときでも、失敗することを恐れて、成功に向かって真正面から攻めることを忘れてはならない。失敗を恐れ、成功を見失ったときこそ、やり直しのきかない本当の失敗、再起不能の挫折が訪れるのである。

◉大物政商と渡り合って堂々の本流復帰

出る杭は打たれる。これは世の常である。サラリーマンに限らず、どこでも人間の社会において公平な競争は難しい。その人間が優秀なほど足を引っ張られたり、あるいは頭を押さえ込まれたりする。実際、太宰府に左遷された菅原道真を持ち出すまでもなく、古くから陰謀によって将来をつぶされた人間は数限りない。

では、もし自分がそんな境遇に置かれたらどうすべきか。大いに指針となるのがトヨタ自動車会長、奥田碩の体験である。

一九七二年秋、奥田はフィリピンへの海外駐在を命じられた。三九歳の時だ。派遣の名分は、トヨタ車の現地組立と販売を独占していた会社のオーナーSから、今でいえば十数億円ほどの部品代金などの未払い金を取り立てることにあった。しかし、これが一筋縄ではいかないことだった。

Sは大きな企業グループを率い、時の大統領マルコスともつながりを持つ、いわゆる大物政商であった。非常に押しの強い厄介な人物であることで知られていた。だから、任務遂行は、社内でも「トヨタの海外事業において初めての危機」といわれるほど難航が予想されていた。

奥田をその任にあてることが妥当な人選かといえば、もちろんそんなことはない。それまでの一七年間、奥田は本社の経理部にいたのだから全くの畑違いだった。そんな社員を海外に駐在させること自体が尋常ではなかったのである。

真相は、上司にも是々非々をハッキリという奥田の真っ直ぐな性質が、一部の役員から疎まれたことにあったようである。そのうえ、優秀な部下への嫉妬や恐れが加わったのかもしれない。出る杭が打たれたのだ。トヨタではフィリピン駐在から役員になった者はいなかったので、誰が見ても左遷だった。

いきさつはさておき、とにかく代金を回収しなくてはいけない。Sの会社はトヨタからの資金援助に頼らざるを得ない苦しい状況にあった。そこでトヨタは資金を供給する代わり、金の出入りを奥田に掌握させることにした。財布を握って、そこから延滞していた代金を取り戻そうというわけである。

そのうえで奥田は、ときに本社に黙って資金を融通するなどして、Sとの信頼関係も築いていった。結果、数年で未払いは全て回収され、奥田は大きな成果を上げた。左遷に腐ることなく頑張ったのである。どんな相手もうまくあしらう懐の深さも実証された。

しかも奥田は、いわれた任務をこなすだけでは終わらせなかった。どこの国でも、よほどでなければ政治家のトップに会うことは難しい。あるときSは奥田にいった。

「マルコスに紹介してやる」

すると驚いたことに、奥田は、

「もう二、三回ほど面会した。いつでも大統領に会えるようになっている」

というのである。さすがのSも唸った。大きい仕事をしようとすればするほど人脈が物をいう。奥田は着々と将来への備えまでしていたのだ。

さらに奥田は、Sとともに、フィリピン政府からエンジン工場建設の巨額資金を引き出すことにも成功した。こうなると左遷がどうとかいうレベルをはるかに超えた大活躍である。奥田自身、

「海外駐在員は現地では大将だ」

といっている。どうせ海外に飛ばされたなのなら、そこで思い切りやりたいことをやるという割り切りが必要なのだ。

六年半後、ついに帰国指示がきた。しかも今度は立派な栄転である。役員昇進を前提にしたポストが用意されていた。与えられた任務にとどまらず、いつも前へ前へと仕事を開

拓してきたことが、奇跡的な復活をもたらしたのである。

そして二年を過ぎたころ、本当に役員昇進のチャンスが訪れた。奥田のいたトヨタ自販とトヨタ自工とが合併、現在のトヨタ自動車が生まれたときである。

ところが、またも足を引っ張る者がいた。一部の自販系役員が奥田の昇進に強く反対したのだ。「奥田は何かと上司に楯突いて組織を乱す」というのが表向きの理由であるが、やはり本音は「出る杭」を叩こうとする「身内」の姑息な考えにあった。

幸運だったのは現名誉会長の豊田章一郎が奥田を推してくれたことだ。章一郎は一年前から自販の社長を務め、新生トヨタ自動車の社長就任が決まっていた。また他の自販系役員も必死で弁護してくれた。みなフィリピン以来の奥田の働きぶりを見て、その人となりや将来性を大いに買っていたのである。

結局、横槍を入れた者を含む自販役員一〇人が退任して、ドラマは幕を降ろした。

その後、奥田は章一郎の期待にこたえて順調に昇進した。奥田は今、

「前向きに頑張れば新しい世界が見えてくる」

と語る。出る杭は打たれても出よ。不遇のフィリピン駐在時代を前向きに生きてきた奥田の実感である。不本意なときこそ、頑張らなくてはいけないのだ。

◉〝天の声〟を素直に聞ける人が伸びる

人間を減点主義で評価したら、たいていはほとんど点数が残らないのではないだろうか。欠点ばかりあげつらって良いところを見なかったら、どこの会社だって「うちにはろくな社員がいない」と不満だらけになってしまう。まして、何か仕事をやらせて失敗でもしたら、「それ見たことか。ちょっと冷や飯でも食わしてやれ」という事態になりかねない。サラリーマンにとっては一大事だ。

一大事は、積極的な社員ほど起こりやすい。田辺製薬の葉山夏樹には、出向した子会社で大きな失敗をした苦い記憶がある。三〇歳前のことだった。今にして思えば、当時、自分にとってまだ重荷の仕事を、ひとりで抱え込んでしまったのが原因だという。

結局、周囲のみんなに助けられて危機をくぐり抜けたのであるが、減点主義で評価されていたら、葉山は今、経営トップに立っていなかっただろう。

世の中は決して減点主義の上司ばかりではない。「経営の神様」として今も多くの名言が語り継がれている松下幸之助は、

「人の欠点を見るのではなく、良いところを見なさい」

と言っている。オリックスの宮内義彦も同じ意見である。

「減点主義でいけば、わが社は即刻辞めてもらわなければならない社員で一杯です」

と冗談をいうように、欠点の目立つ社員でも、たとえば企画をさせたら素晴らしいアイデアを出すとか、なぜかいつも相手先からやたらに好かれるといった、何がしかの良い面がある。それを見つけだすことが重要だと宮内は語る。日本電産の永守重信はさらに積極的だ。

「欠点は甘い汁粉をより美味しくする塩のようなもの。欠点ではなく個性ととらえ、バックアップすることで企業が活性化する」

と評価する。叱るときも同じである。悪いところだけ見て、「いつだってお前は本当にダメだ。どうしようもない」とやったら明日がない。社員は腐るし、叱ったほうだって恨みを買われるようで夢見が悪い。回りまわって、業績を伸ばすのは難しいだろう。「これは悪かったが、ここは良いのだから、次は頑張れ」といった、前向きの態度が不可欠だ。

このような上手な叱り方があるのと対極に、部下のほうも上手な「叱られ方」を考えなくてはいけない。

まず、叱られるには当然の理由があると認識することだ。ありがちなのだが、叱られたというだけで反発し、自分の悪かったことを考えようともしない部下。これは最悪である。上司という個人が叱っていると、狭く考えるからそんなことになる。こういう社員はすぐ「でも」「しかし」といいたがるが、そんな態度では最初からリーダーなど諦めたほうがいいだろう。

いうまでもないが、明日を目指して伸びるには、悪かったことを教訓とする必要がある。上司の叱責は、いわば部下を育てようとする「天の声」である。とにかく、まずは謙虚によく聞くことが大事なのだ。感情的に反発して、せっかくの貴重なアドバイスを無駄にするなら余りにもったいない。

叱られ上手とは、アドバイスに真正面から向き合うことなのである。第一、上司は相手に期待する部分がなければ本気では叱らない。どうでもいいと見切った相手なら放ったらかすだろう。樋口廣太郎は、

「もちろん人間だから感情的に怒鳴ることはある」

と正直に前置きしつつ、

「しかし期待するからこそ余計に叱り方もきつくなりがちだ」

と切なる心情を吐露している。それをわからなくてはいけない。一番怖いのは無視であ

る。日本電産の永守重信も、

「叱るのは見所があるから。叱られないのは、まだ叱るに値するレベルに達していないからだ」

と断言している。幼児を大人扱いして叱る親はいない。また、永守の場合、叱られたら発奮してくれるだろうという計算も頭にある。だから、そのあと頑張ればすぐに元のポストに戻すという。JR東日本の大塚陸毅も、

「愛情なく叱るのはいけない。愛情があるかないかで、厳しい上司かきつい上司かに分かれる」

といっている。優れた上司ほど、叱ることについてはこのように思いをめぐらせ、心を配っているものである。だから、仮に叱り方が多少感情的だったり、理屈に合わない部分があったとしても、そんなところにこだわってはいけない。真っ先に受け止めるべきは、叱る理由や真意である。

「欠点ばかり見ないで、オレのいいところを見てくれ」などという前に、では自分は上司にどんな態度をとっているか。自分こそ上司の欠点ばかりを見て、肝心のことを見過ごしているのではないか。自分の減点主義を検証することが必要だろう。

左遷人事でも諦めてはいけない

◉倒れかけた子会社へ飛ばされて大逆転

あくまで一般論だが、従来、出向がエリートコースと考えられることはあまりなかった。どちらかといえば、「もう本社での出世は諦めろ」と言い渡されたようなものである。ましてや出向する先が今にも倒れそうな会社だったら、「もうおしまい」といった心境になっても無理はない。

東レの営業にいた平井克彦に、岐阜市の繊維商社「丸佐」へ出向が命じられたのは一九八一年のことである。

丸佐は伝統ある地元名門企業だったが、当時の円高による輸出不振から経営が行き詰まっていた。そこで、もともと一〇%出資していた東レが、経営立て直しに協力するということになった。さっそく営業や財務など八人の再建チームが編成され、平井も営業本部長として送り込まれることになったのである。

しかし、東大を出て東レに入った平井にとって、社内から出されるのは納得がいかなかった。営業といっても、主に海外業務をやっていて国内営業の経験はなかったし、なぜ自分が出向させられるのか、どうしても理由がわからなかったのである。

それに、本当に経営内容が惨憺たる状況だったため、大変な苦労が予想された。とはいえもう決まったことだ。とにかく会社を再建するしかないと、腹をくくった。

こういう場合、送り込まれてきた相手に対し、乗り込まれた方はいい顔をするはずがない。乗っ取られるという恐怖もあるし、自分たちのプライドもある。平井たちはその面でも損な役割を演じなければならなかった。

実際、平井たちが最初にしなければならなかったのは、丸佐社員の警戒心を解くことだった。平井は繰り返し、「再建のために来たんだ」と説いた。すっかり信用してもらうまでに二年もかかったという。

また、会社の信用も地に落ちていた。だからいくら取引先をまわっても、なかなか商売が上向かない。丸佐のメインバンクからは、「平井では駄目だ」と圧力がかかり、さすがに平井も「本社に戻りたい」と東レの上司に直訴したという。しかし、許可されるはずもなかった。

嬉しかったのは、経営をなんとか再建軌道に乗せたころのことである。それまで口もきいてくれなかった取引相手が、業界の集まりで上座に座るようすすめてくれた。平井は初めて「信頼回復ができた！」と実感したという。

平井が丸佐に在籍したのは八一年から八五年までだ。その長い間に常務取締役になっていた。そして、ついに東レに復帰する日がやってきた。信用を回復し、再建を果たした実績が買われたのはいうまでもないだろう。

しかし、そのころ平井は、「もうムリに東レに戻らなくてもいい」という心境になっていた。苦しいとき、東レに頭を下げ、援助を頼みに行くと横柄な態度であしらわれ、大企業というものの冷たさを痛感していたからだ。おかげで、弱い者の気持ちがよくわかるようになったという。

復帰した平井は、相手の話をよく聞く人間に成長していた。ビジネスマンとしてもずっと大きく成長していた。以降、平井は大活躍を続け、九七年には社長、そして副会長にまで昇進するという大逆転を果たした。平井はしみじみ語る。

「出向は苦しい経験でした。しかし、商品づくりから販売営業、資金回収まで全て自分でこなすという貴重な体験が、復帰してから役に立ってくれました」

丸佐ですっかり「社長学」を体得していたのである。

すでに述べたように、最近は大企業でも、小さな会社に出向して経営を身につけて本社に戻るという、新たな出世コースが増えている。平井の言葉はそれを踏まえたものである。だから出向を命じられたとしても、むしろ「リーダー学」を身につけるチャンスと思って張り切るくらいの気持ちが重要なのである。

◉大きな我慢が人を育てる

「髀肉《ひにく》の嘆《たん》」という故事がある。これは『三国志』のなかに登場する話だ。

劉備はライバルの曹操《そうそう》に追われて荊州《けいしゅう》の豪族の元に逃げ、その客分となった。ある日、豪族の家で酒を飲んでいるとき、劉備は中座して便所にいった。そこで股のあたりにゼイ肉がついていることに気がついた。馬に乗って戦場をかけていれば股にゼイ肉がつくはずがない。居候となって何もせずに生活しているから、股にゼイ肉がついてしまったのだ。「こんなことをしているうちに、どんどんと月日は流れ、私は老い果ててしまうのだろうか」と思うと、知らず知らずのうちに涙が流れた。この劉備の言葉から、能力を発揮するチャンスがない不遇を嘆くことを「髀肉の嘆」と呼ぶようになったのである。

劉備は二〇年余りも不遇の時代を過ごしたが、くじけず、やけにもならず、しぶとく耐え続けた。馬に乗って戦場にでられないときには、人材を探すことに力を注いだ。その最大の収穫が軍師として有名な諸葛孔明《しょかつこうめい》である。孔明を「三顧《さんこ》の礼」で迎えた劉備が大きく飛躍したのはご存じの通りである。

「耐える力」は人生において重要な要素である。かつて松下電器産業が、一三人抜きという大抜擢によって山下俊彦を新社長に選び、そのドラマチックな人事が世間を驚かした。それ以来「山下跳び」という呼び方まで生まれ、今日までの語りぐさになったのはよく知られているとおりだ。

山下が就任してほどないある日のことである。松下幸之助が山下の部屋にやってきて、自分で書いた「大忍」という額を置いていった。幸之助一流の深遠な経営指南とも励ましともとれる言葉である。

単純に見れば、「大いに忍べ」という意味になる。しかしそれ以上に広がりのあるニュアンスを感じ取るべきだろう。

たとえば、「どんなことでも大きく広い見地に立って忍びなさい」と考えられる。一見、良くない境遇に置かれたとしても、決して狭く考えてはいけない。見方を変えれば良いことなのかもしれないのだから、今は目の前のことをしっかりこなし、そしてその経験を明日の糧として活かしていく。

つまり「大いに忍ぶ」ではなく、「大きな（視野による）忍耐」ということである。むろん、幸之助の真意は知る由もないが、こんなふうに考えても不自然ではないだろう。

身をもってその「大忍」を実感したのが、シチズン時計の梅原誠である。現在、社長の座にあって積極的な経営をすすめる梅原だが、若いころは得てして誰にもあるように、何かと物事に不満を抱くことがあった。そのあまり、会社を辞めようと考えたことは何度もあったという。

そんな梅原の転機となったのが、技術から、畑違いの営業に配置転換されたときである。時計づくりがしたくて入った会社だし、もともと人と話すのは苦手なほうだったので、それですっかり嫌気がさしてしまった。全く思いもよらぬ境遇に押しやられた感じで、まさに「髀肉の嘆」だ。そんな人事をする上司を恨んだという。

しかし、義理の兄が梅原の考えを変えさせた。「いいチャンスだ。願ってもないこと」と諭されたのである。技術者といっても、人や世間を知る必要がある。それには営業というポジションこそ最適というわけだ。「なるほど」と心機一転した梅原は、新しい境遇で頑張り抜いた。そして、

「飛躍のチャンスを作ってくれた上司に感謝している」

と語る。飛躍は大忍から生まれた。狭い考えでは今日への発展はなかったのである。

「今のように苦しい経済環境、激変のときこそ、本当はチャンス。そこで張り切って頑張り通す者がリーダーになっていく」

こう語るのは、日本興亜損害保険社長の松澤建である。やはり松澤も、かつて髀肉の嘆を「大忍」で乗り切った経験を持っている。

入社一一年目の時である。松澤は同期入社組の中で営業成績トップに立っていた。出世レースの先頭ということだ。この時期をどう過ごすかで、その後のビジネスマン人生が大きく変わっていく。ところが、同期の連中が華やかなニューヨークやロンドンに駐在員として赴任していく中、なぜか松澤は決して花形コースとはされていなかったマレーシア行きを命じられた。

これは明らかに「冷や飯」の処遇である。しかも、マレーシアにおける初の駐在員でありながら、のっけから現地企業との合弁会社設立という大仕事を負わされた。何から何まで自分で開拓することになって、仕事としても楽ではない。五年の滞在期間のうち、日本に戻ったのはたった一度だけというハードな忙しさだった。

全く不本意な処遇に、松澤の胸には悔しさばかりが募った。しかし、ここでやる気を失わないところが、やはりリーダーの器である。松澤は赤道直下の夜空に浮かぶ南十字星を見上げ、「この悔しさは絶対に仕事で返す」と誓った。日曜日にも全く休まずガムシャラに仕事をこなし、一方で日本とかなり違う文化の吸収にも努めたのである。

マレーシアは、マレー系イスラム教徒を最大多数として、次いで華僑の仏教徒、そして少数のインド系ヒンドゥー教徒という区分けからなっている。つまり、民族が宗教と密接に絡み合う多民族国家だから、日本から来た松澤にとってはあらゆる面で勉強になることばかりだった。当然、難しいトラブルもあった。

そうやって文化や習慣などのルツボでもまれていくうち、松澤は、やはり人間同士、誠心誠意の付き合いをすることが何より大事という、基本中の基本を身に滲みて知ったという。本社へ復帰した後の活躍は述べるまでもないだろう。松澤は、

「相手の立場でものを見られるようになった。あのままエリートコースに乗っていたら、鼻持ちならない人間になっていただろう」

と振り返る。得てして数字優先やテクニックに走りがちなエリートにとって、これこそ最大の収穫であろう。

どんなことも災厄と思えば災厄で終わる。しかし、見方を変えて、その境遇を自分を広げる勉強の場、良いチャンスと考えて頑張るうちに、災厄も幸運に変わるということである。

◉疎まれた男の奇跡の復活劇

中国、東晋時代に陶侃《とうかん》という名将がいた。反乱の鎮圧に功績があったが、それを実力者に疎まれ、都から遠く離れた南の果て、広州の長官に左遷されてしまった。すると陶侃は、朝に一〇〇枚のレンガを室内から運び出し、夕方にまた室内に運び入れるという作業を自分の日課とした。「どうしてそんな無駄なことをするのか」と、理由を尋ねられた陶侃は答えた。

「いつまた都に呼び戻されるかもしれない。その日に備えて鍛錬しているのだ」

自分が求められるときになったら、すぐに対応できるように備えているというのである。そんな努力を積んだ陶侃は、はたして都に呼び戻されて要職を歴任した。

世の中は頑張る者ほど、挫折も待ちかまえている。しかし、そんなときでも明日を信じて頑張る者に、再びチャンスがやってくるというのもまた世のならいである。

ＪＲ東日本会長の松田昌士が、旧国鉄の北海道総局総合企画部長に赴任したのは、一九八五年のことだった。もとは本社の経営計画室で課長待遇にあったから、肩書だけを見ると栄転のようだが、実態は左遷に他ならない。

当時、国鉄は分割・民営化問題で大揺れしていた。世論は改革を歓迎していたが、抵抗して改革を先送りしようとする首脳陣と、推進しようとする陣営とが、社内で真っ正面から激突していたのだ。

改革推進派の中でも、特に先頭に立って旗を振っていたのが、松田と葛西敬之、そして井出正敬の若手三人だった。彼らは「改革三人組」と呼ばれ、「抵抗勢力」からすれば憎き目の上のタンコブであった。放っておけば抵抗勢力の地位も危うくなりかねない。邪魔者は除いてしまえとばかり、松田を本社中枢から遠く離れた北海道の支社に体よく追いやったということなのである。

北海道というのは、大赤字の旧国鉄としても特に採算のとれない路線区だった。そんなところに追いやられたため、周囲では「もう戻れない。いずれはクビになるだろう」と囁かれたという。

しかし、松田はめげなかった。北海道は松田の出身地でもある。「せめて地元の鉄道を立て直そう」と奮闘し、見事、再建軌道に乗せた。その甲斐あって、松田は八カ月後、本社に復帰した。それからが目覚ましい。三人組は当時の中曽根首相に、何と国鉄首脳陣の刷新を訴え出た。「守旧派上司のクビをすげ替えろ」というのである。

これをきっかけに分割民営化が決定づけられ、結局、一九八七年に七つの新生ＪＲに生まれ変わった。三人組のうち葛西敬之はＪＲ東海社長に、井出正敬はＪＲ西日本会長を経て取締役相談役に就いている。松田はいうまでもない。

望まない状況を打破するには、まずその場所で頑張ることが前提になる。松田はそれを実証したのである。

アサヒビール前会長の瀬戸雄三は二度も左遷され、その都度復活するというドラマを体験している。

一回目は営業の若手時代である。アサヒビールは戦後、キリンビールに押されシェアを落とす一方だったのだが、大阪では非常に強かった。そのドル箱マーケットを統括する支店にいたとき、営業の方法について支店長とぶつかり、すっかり嫌われ神戸の出張所に飛ばされてしまった。

神戸に移って思い知ったのは、大阪以外ではアサヒの人気が全くないことだった。すでに日本中、ビールといえば黙ってでもキリンが出てくる状況になっていた。しかし、その状況は大阪にいてはピンとこない。瀬戸はこの実態に奮起して、ますますアサヒがシェアを落としていくなか、逆に営業成績を伸ばしていった。これは大変なことである。

そうして四〇歳のとき、失地回復どころか、晴れて本社のビール販売課長に栄転した。ところが、たった十カ月で解任され、元の木阿弥に戻ってしまった。ビールの鮮度を保つため、問屋に在庫を置かないよう改めたシステムが効果を上げず、責任をとらされたのである。

しかし、二度目の左遷にも瀬戸はめげなかった。奮闘を続けてまた復活し、ビール出荷量でキリンを抜いたのは瀬戸の社長在任中である。ビールの鮮度を守る新システムの導入効果が大きかったといわれる。もちろんこれは課長時代のあの試みを進化させたものだ。

どんな失意のときでも、決して後ろ向きにならず、明日を考え、前に進んだ積極性が実を結んだともいえるだろう。

左遷を栄転につなげる逆転の発想

◉逆風に負けずに仕事一筋で会長に

新日本製鉄会長、日本商工会議所会頭を務めた故永野重雄は民間経済外交に尽力するなど、財界の重鎮的な存在だった。この永野もまた、幾多の挫折を味わってきた経営者である。しかし、永野は「もう駄目だ」とは絶対にいわなかった。

永野は東京大学を卒業して、渋沢栄一の創業した貿易商社・浅野物産に入社した。商社マンとして社会人のスタートを切った永野は、すぐに富士製鋼という小さな町工場に移ることになった。兄・護の友人であった渋沢正雄から、この小さな鉄鋼会社の再建を頼まれたからである。富士製鋼は第一次大戦の軍需景気で成長した会社だが、軍需景気が冷えるとともに経営が悪化し、倒産寸前の状態だった。社長になるといえば聞こえはいいが、実際は「社長兼営業部長兼経理部長……兼使いパシリ」であり、若き永野は渋沢の依頼に躊躇したが、以前から目をかけられていたので断われずに受けることにしたのだった。

「昭和大不況」の嵐のなか、永野は昼は精力的に企業を訪問して回り、夜は「経理部長」

の職務を果たすために経理学校に通って簿記を学んだ。こうした永野の獅子奮迅の活躍によって、富士製鋼は不況を乗り切ったが、一九三四（昭和九）年、日本製鉄に吸収合併された。そしてその結果、富士製鋼社長の永野は日本製鉄富士製鋼所所長となった。

富士製鋼が日本製鉄に吸収合併された一年後、永野は日本製鉄八幡製鉄所製品課長への異動を命じられる。明治政府の富国強兵策の下で設立された官営八幡製鉄所を前身とする日本製鉄八幡製鉄所と、町工場が前身の富士製鋼所では規模も格も違うとはいえ、所長から課長になるというのでは明らかに降格人事である。さすがの永野もこの人事異動には不満だったらしく辞表をだすことも考えたというが、兄の護に諭されて思い直し、八幡製鉄所製品課長として赴任した。このときに永野は夫人にこういったという。

「左遷なんてたいした事ではない。ひっくり返して栄転につなげる自信はある」

この言葉が単なる負け惜しみや強がりではないことを、永野はその後の実績で証明している。八幡製鉄所に赴任した二年後に、永野は本社に戻って購買課長となり、その後も順調に出世コースを歩み、購買部長、営業部長を経て、とうとう営業担当常務に就任した。

一九五〇年、GHQの命令で日本製鉄が八幡製鉄と富士製鉄に分割され、その富士製鉄社長には永野重雄が就任したのである。そして、それから二十年後の一九七〇年、未曾有の大型合併となった八幡と富士の合併を成功させた永野は、新日本製鉄の初代会長となった。その前年には日本商工会議所会頭にも就任しており、財界のリーダーとしての活動もスタートさせていた。吸収合併で所長から課長に左遷された男が、とうとう日本一の鉄鋼会社のトップになり、また財界団体の一つである日本商工会議所の会頭となったのである。

永野のこの成功を支えたのは八幡製鉄所時代の努力であった。永野は終日、工場内を歩き回って「鉄」とは何かを徹底的に学んだ。それがその後の「鉄鋼マン、永野重雄」を生んだのである。「ピンチはチャンス」という言葉があるが、永野はまさに「ピンチをチャンスに変えた」のだ。

出世競争は取締役になって一段落というものではない。むしろトップを目指してますます厳しさを増していく。人数が絞られた分、ライバル意識が明確になり、役員同士ウカウカしているといつ足をすくわれて、失意のまま会社から追い出されないとも限らない。

表面的にはスクラムを組んで会社を運営しながら、裏では熾烈な戦いを続けるわけだ。それはまさに、暗闘というにふさわしい。どうやってそれを生き延びるべきか。

一九八一年から二〇〇一年まで、二〇年の長きにわたってGE会長を務め、世界最高の経営者と賞賛されたジャック・ウェルチは、仕事で業績を上げるという正面突破により、その暗闘を制した人物である。

すでに役員になっていたウェルチが常務に昇格し、本社に陣取るようになったのは一九七七年暮れのことだった。このときウェルチはまだ四〇歳を過ぎたばかりである。同僚の常務取締役は五人いて、他に二人の副会長がいた。つまり、次期会長レースの出走者がこの七人に絞られたということになる。

もちろん、当時のレグ・ジョーンズ会長が、後継者について一言だって腹づもりを漏らすわけがない。七人はみな、自他ともに認めるライバルであり、疑心暗鬼になって相手を出し抜くことばかり考えていた。相互の関係は冷たく、役員専用の食堂で顔を合わせても別々のグループに分かれ、気まずい雰囲気が流れていたという。

その中で、ウェルチは自分の立場が決して良くないのを知っていた。もっと以前の七五年には、ウェルチは会長候補一〇人の序列にすら入っていなかったのである。当時の人事担当役員が、

「部下を脅かすようにして使い、社内の秩序を乱す人物である。会長には適さない」

と会長に報告していたからだ。出発点からして遅れをとっていた。

また、ウェルチには後ろ盾となってくれる存在が一人もいなかった。それどころか直属

の上司である副会長は子飼いの常務をハッキリと贔屓にして、ウェルチの成功を全く望んでいなかった。

自分を嫌う上司の下につくほど暗澹たることはないだろう。もう一人の副会長も決してウェルチの味方ではなかったので、ウェルチは巨大組織における孤独をイヤというほど味わい、他の会社に移ることまで考えたという。

普通なら、ウェルチにとっては先が見込めない状況である。ただ、会長は副会長たちと仲が良くなかった。かつて会長のイスを取り合った関係だったからだ。当然、副会長同士も仲が悪い。活路があるとすればこれくらいのことだけだったが、ことと次第によっては一足飛びに副会長たちを越えて、自分にもチャンスがまわってくる可能性はゼロではなかった。

そこでウェルチは権力競争から少し距離を置くことにした。「大きな業績を上げて実力を示せば、会長は公平に評価してくれる」と信じ、コップの中の嵐に巻き込まれないよう、現場の仕事にいっそう力を注いだのである。

そこで問題になったのが、自分の担当する家電部門だ。ＧＥの根幹をなす部門とはいえ、時代の変化によって効率が落ち、ＧＥとしては将来性が見込めなくなっていた。事業の大胆な縮小を計画したのであるが、そうすると、前に担当していた副会長の立場を否定することになる。真っ向から対立することを覚悟のうえで副会長に進言したところ、ウェルチがそれで失敗して失脚するのを計算したのか、あっさり許可が下りた。

しかし、副会長の思惑は外れ、大改革によって家電部門の効率は大幅に高まった。ウェルチの勝ちである。一方でウェルチは、後にGEを支える大黒柱に成長するGEクレジット（今のGEキャピタル）も発足させた。

そうした業績が実りをもたらしたのは一九八〇年のことだ。「新会長おめでとう」――ジョーンズ会長がウェルチにこう祝福して、華々しい会長生活が始まったのである。

ここでいえるのはやはり、いつどんなときでも良い仕事をせよということだ。企業人はまず実績を上げてこそ評価される。もし権謀術数に明け暮れてばかりいたとしたら、評価が上がるはずがない。ウェルチは、

「私もジョーンズ前会長も貧しい出身である。数字と分析が大好きで、常に勉強している点で共通するハードワーカーだった。実力で出世したのだ」

と語っている。いつどんなときでも、頼るべきは実力と実績なのである。

◉不遇のときこそ〝人間〟を見られる

堤義明は、

「サラリーマンはある程度耐えることを学んで、不遇のときにも真面目にやっていないとね。それが次に浮かび上がれるかあがれないかの鍵になる」

といっているが、つらく厳しいときにふてくされず真面目に努力できるということは、逆風の中でも平常心を保って進めるということでもある。したがって、不遇のときに真面目にやっているかどうかは、どれだけ自分を保てるかを見るポイントでもあるわけだ。だから、人事を行う側は不遇のときの人となりを見ているといっていいだろう。

では、不遇のときに何をどうすればいいのか。

一つの行き方として「仕事をする」ことがある。左遷された職場で粉骨砕身して仕事をするのである。

西郷隆盛は薩摩藩時代に藩の実質的権力者である島津久光ににらまれて、二度も流罪になっている。最初は奄美大島、次は沖永良部島である。島流しに遭った西郷は、最初のうちは失意に沈んでいたが、すぐに島を豊かにするために働き出した。その結果、島民の生活は見違えるほどよくなり、本国に呼び戻されるときに島民が西郷の復帰を惜しんだといわれている。

左遷された職場で「俺はここに左遷されたのだ」という顔をしているということは、その職場はつまらない仕事をしているところだということをいっているに等しい。それではその職場の者が面白くない。左遷された場所で不和を生じさせたら、たとえ戻れる可能性があっても戻れなくなる。どんなところにいこうとも、仕事をキチンとやることは、復活のための最低条件であろう。

また、「勉強」することも一つの行き方である。日清戦争のときの外務大臣だった陸奥宗光は政府転覆を謀ったという罪で、禁固五年の刑に処せられたことがあった。三〇歳代後半から四〇歳代前半という働き盛りの時期に投獄され、仕事から離れなければならなかったことは、政治家としての人生において大きなマイナスである。

しかし、陸奥はこの不遇の時期を勉強するチャンスとして活用した。イギリスの思想家ベンサムなどの著作を読み、翻訳し、また自分でも著作をまとめるなど、徹底的に自分の充電を行ったという。

閑職に飛ばされたら、それは充電期間を与えられたのだと考え、集中して勉強するのも手である。勉強は仕事に関係する専門的なことでもいいし、普段はなかなか接することのできない古典に親しんでもいい。流れが自分に不利なときには下手に復帰運動などをするよりも、開き直って勉強に打ち込む方が得策であろう。

それから「人脈」をつくるというのも大いに意味のあることである。前に劉備が不遇の時代に人を求める努力をしていた例を紹介したが、仕事の面で八方塞がりになっているときは、まったく違う世界で新しい人との出会い、交流を図るというのも重要な充電となる。

樋口廣太郎が尊敬する奥村綱雄は、不遇の時代によく遊びにいそしみ、交遊を広めた。それが後の奥村人脈となり、若くして野村證券を預ったときに役立ったという。

その樋口廣太郎も人脈を大切にしている。樋口によれば、最高の情報を運ぶのは人である。一般に情報源といわれるものは、インターネットや新聞などさまざまあるが、それらはみな情報ではなく「資料」にすぎない。人間こそ本当の生きた情報源なのだという。だから幅広い分野の人間とつき合えば、それだけ幅広く、本当の情報がたくさん入るというわけである。

だから樋口は、「借金してでも人とつき合え」と説く。人はつき合えば親しくなる。情報源であるのはもちろんだが、それにも増していざというときに頼りになってくれるし、損得なしに友人が増えるだけでも人生は豊かになる。

この「損得なし」が大事である。付き合いに打算が働くと、本当の付き合いは望めない。「この人は後になって自分に何か得になるだろう」などと、値踏みするような考えでは、それを感じ取られて本当の付き合いにならない。ＪＲ東日本の大塚陸毅も、

「人との出会いに打算を持ち込んではいけない」

と戒めている。相手が信用できる、相手のために何かしてあげたいと思うから人は楽しい話をし、何かためになる情報を持っていくのだ。その相手に打算を見たら、良い情報を運ぶことなど決してあり得ない。友情を求めても通り一遍のつき合いにとどまる。大塚は、

「互いに真剣な意見を交わすことが大事」

と強調する。真剣に、たとえ相手の欠点を指摘することになってもいうべきはいう。それこそ相手を思う気持ちがなければできないことである。樋口廣太郎は、

「会社でトップにいくほど、業績、問題点、クレーム等々、耳に心地よい情報しか上がってこなくなる」

と嘆く。むしろ耳に痛いネガティブな情報こそ価値があるのだ。そんな情報をもたらす人間こそ大事にすべきだろうし、そんなつき合いが必要というのである。

不遇なときの友情は他に代えられない価値がある。そんなときこそ人とつき合って、本

当に頼りにできる人間を見つけるチャンスとも考えられる。恵まれないときは、勉強でも交遊でも、前向きに取り組む時期と思うことである。

経営者として花を咲かせるためには、苦しいとき、恵まれないときに何を身につけたかがものをいう。逆境、不遇にあるときは、順風を背にしているときよりも日々の努力を怠らないことである。

第5章　取締役になるまで何を勉強するか

いつ、何をどう学ぶかで差がでる

◉一流経営者ほど勉強熱心だ

管理職の上に立って組織を指揮するのが取締役である。その「取締役の椅子」を目指すのであれば、人より何倍も勉強しなければならない。人と同じことをやっていて、人の上に立てるはずがない。取締役になった人はそれ相応の努力をしているものである。

伊藤忠商事社長である丹羽宇一郎は、若いときに穀物を担当し、その分野については学者にも決して負けないくらいに勉強したという。穀物といえばアメリカである。ニューヨークに駐在していたとき、農業の専門書を読破するほか、研究資料はなるべく原典にまで目を通して徹底的に勉強した。時にはアメリカの農業に関して、古い絶版本のコピーを図書館に依頼したこともある。そうした勉強の余勢を借りて、農業専門誌に「アメリカ農業小史」という連載を、自作のイラストまで添えて六年間も続けたというのだから、まさに本格的だ。もちろんハードな業務をこなしながらだから、ちょっとやそっとの努力ではない。

そうした体験を裏付けにして、丹羽は「若い人には勉強してほしい」と説く。勉強すれば、確かな知識からくる判断力で信頼されるし、学んで視野が広がれば、リーダーとしてのしっかりした価値観が生まれる。どうせなら、若いときにやっておくべきなのである。

ＮＥＣ副会長の西垣浩司はアメリカで驚いた。ＮＥＣアメリカの本社で一七年も勤めた秘書がレイオフを通告され、それも一週間前どころか、通告した当日に辞めてもらうのだという。日本人マネージャーが同情すると、当の秘書は「大学院に行ってキャリアアップの勉強をします。いいチャンスです」と答えたのである。西垣は、

「将来の日本もこうした形になっていくだろう。その中では彼女のように意欲的に勉強する気概、姿勢がなくてはならない」

と痛感した。「老化防止のためにも勉強してほしい」というのが西垣の助言である。西垣自身、意欲的に勉強して自己革新できる人材をリーダーとして求めている。それで秘書の姿勢になおさら感じ入ったというわけだ。

ミサワホーム社長の三澤千代治も勉強熱心な経営者である。三澤は「わからないものをわからないまま放っておくことができない性分」だそうで、わからないことに出くわすとすぐに本屋に駆けつけるのだという。そして参考になる本を探して買い、ざっと目を通す。

走り読みでも一応読んでみれば、だいたいのところはわかるものである。三澤は、この走り読みにかかる時間は二時間くらいだといい、

「二時間を投入するかどうかで、先が正確に見えてくるかどうかが決まる」

と断言している。経営者であるならば、三澤がやっているような「二時間」の積み重ねが大切なのである。

また、わからないことを人に聞くのもいいが、やはり自分で勉強しておくことが大切である。インドの政治家だった故パンディト・ネールは、

「生まれたての赤ん坊に尋ねることはない。ところが、年はとっていても赤ん坊と変わらないような人がたくさんいるものだ」

と著書のなかで語っているが、人から情報を聞くためには、情報を教えてくれる人がどんな人なのかを見抜く眼力がないと失敗することがある。

ネールがいうように、何も知らない人間に尋ねてもいい加減な答えしか得られない。また、その人の独断や偏見が混じって、歪曲した情報をつかまされることもあるし、情報源になる人が直接・間接に利害が関係していることであれば、その人にとって有利な話しかでてこないこともある。

結局、「確かな情報」は自分で収集しなければ手に入らないのである。したがって、「自分で勉強する」という心構えが常に必要である。

いずれにせよ、わからないことをわからないままにしておくような人は取締役になれない。「リナックスとは何だ」「株価一万円台だとどんな影響があるのか」など、上司からいろいろな質問をされたときに、「わかりません」では話にならない。常に広範囲にわたって、知識を求める努力をすべきである。

◉勉強時間を一日最低二時間もて

「勉強しろといわれても、仕事が忙しくて勉強する暇がない」という人がいる。その人は何か勘違いをしている。「勉強する時間」は「ある」ものではなく「つくる」ものである。

パブソンという学者が世界の実業界で活躍した人々に関する調査をした。そしてその結果、彼らの成功は「会社が終ってからの時間が大切だと認識していたからだ」ということがわかったという。つまり、勤務時間外にどれだけ勉強しているかが大事であるということだ。

三澤千代治の「走り読みにかかる時間が二時間くらい」ということからも、会社を終えてから「二時間の勉強時間を確保する」ことが一つの目安となろう。「一日二時間」を最低ラインと考えて、それにどれだけ上乗せできるかはその人の裁量にかかっている。

「二時間なんて時間はちょっと調べものをしていたらすぐにたってしまう。一日二時間で何ができるのか」という人がいるかもしれない。しかし、三澤千代治のように二時間で一冊の本を読めば、年間三六五冊の本を読むことができる。一〇年続ければ三六〇〇冊を超える本を読むことになる。「チリも積もれば山となる」のたとえどおりに、「毎日二時間」の積み重ねが大きな勉強の成果に化けるのである。

また、「毎日毎日残業で会社をでるのは一〇時か一一時。家に帰ったら一二時を過ぎて、もう寝るだけ。どこからも二時間なんて時間はでてこない」という人もいるだろう。「忙しい、忙しい」といっている人は、えてして「時間の家来」になっていることが多い。自分が時間を使っているのではなく、時間に使われているのである。こういう人はスケジュール管理ができていないので、仕事が発生すると片っ端から片づけようとする。ミソクソ一緒という仕事のやり方をしていては時間がいくらあっても足りないのは当たり前の話だ。

仕事にはおのずから優先順位がある。本当にいますぐやらなければならないのは、せいぜい全体の一〇%か二〇%であろう。あとは手のあいたときにやればすむというものである。仕事の優先順位をつけ、スケジュール管理をしっかりやっておけば、時間というものはつくれる。

それでも絶対的な仕事量が多くて、毎日毎日残業で遅くなるという人は、「休みの日」に目を向ければいい。土日、祝祭日などの休みに、家に寝ころんでただテレビを眺めているということはしていないか。ボーッとしているうちに時間が過ぎていってはいないか。こういうふうに休日の自分の行動をチェックしてみれば、二時間程度の勉強時間はつくりだせるものである。

また、通勤の時間も往復を合わせれば二時間くらいになるはずである。八時から九時までのラッシュアワーの満員電車のなかでは本も読めないだろうが、一時間出勤を早めれば座っていけるものである。電車の中であろうとも、座ってしまえば書斎にいるのと同じである。本も読めるし、書類だって書けないことはない。ヘッドホンステレオで英会話の勉強だってできる。そのうえ、会社に一時間早く着くのだから、そこでもゆっくり机と椅子を使って勉強できる。やろうと思えば、二時間という時間は捻出できるものである。

二時間という時間をまとめてとるのがどうしてもむずかしいという人は、発想を転換し、細切れの時間をかき集めて「時間をつくりだす」ことも一つの方法である。東京大学名誉

教授で科学雑誌『ニュートン』の編集長でもある竹内均は、
「大変なことは分割しよう。細切れにして少しずつこなしていこう」
とアドバイスしている。たとえば、竹内の原稿執筆は「細切れ時間のよせ集め」で行われている。竹内は一五分という空き時間を見つけると、手元においてあるテープ・レコーダーに原稿を吹き込む。このテープに吹き込まれた竹内の原稿を秘書がパソコンに打ち込み、パソコンに入力された原稿を最終的に竹内が訂正・加筆して「原稿」が完成する。こういうやり方をすれば、約一五分で四〇〇字三枚分の原稿がまとまるという。そして、この「一五分」の積み重ねが三〇〇冊近い竹内の著書として結実しているのである。

また、竹内均は、「自分にノルマを課している」といい、やらなければならないことを「習慣」にすることが、「うまずたゆまず」続ける秘訣だという。「良い習慣は最良の友人である」という言葉があるが、「一日最低二時間」の勉強を習慣にしてしまうことは、自分の怠け心を抑えるための効果的なアイデアである。

堤義明は「人間、いつ勉強するかです」といって、学校時代の成績よりも、社会人になってからの勉強が大切だということを指摘している。

物理的に考えれば一日は二四時間だが、時間の使い方がうまい人は一日を二五時間にも二六時間にもできる。逆に時間の使い方が下手な人は一日を二〇時間とか一八時間程度しか活用できない。この差が取締役になれるか、なれないかという差につながるのである。「よく勉強している人」とは単に知識・情報を身につけているから有能なわけではない。「時間をマネジメントする」能力を鍛えていることも、多忙な仕事をこなさなければならない取締役になるためのトレーニングになっているのである。

「勉強する時間がない」という人は、「私は時間の使い方が下手です」といっていることになる。それでは「私は取締役になっても仕事ができない人間です」といっているに等しいのである。取締役を目指すのであれば、「時間がない」という言葉は禁句にして、勉強時間を上手につくる努力をすべきである。

◉勉強の機会はいくらでもある

取締役というのは広い視野が求められる。したがって、取締役になろうという人は専門的なことだけでなく、専門外の分野まで勉強しておかなければならない。また、仕事という枠を取り払って勉強することも大切になってくる。

アキレス社長の山中靜哉は若いとき、排水を濾過して無毒化するシステムの、大規模な工場プラントを売る事業に取り組んでいたことがある。システムのノウハウを学ぶためにイギリスまで行き、一カ月の研修も受けてきた。

ところが、いざ販売先の専門家と対等に話を進めようとすると、その程度の知識ではとうてい追いつかないことを痛感したのである。そこで山中は専門書を大量に買い込んだ。化学から始まって生物学、土木工学、建築、そして電気設備も勉強したという。

ただ、当時は猛烈な夜討ち朝駆けの仕事ぶりで、机に向かう時間などなかった。そこで、夫人に内容を読んで録音してもらい、移動の車中でテープを繰り返し聞いて頭に叩き込んだのである。まさに「時間を作る」見本のようなことをしたわけである。

おかげで、もともと自信があった専門分野だけでなく、専門外の知識もしっかり蓄えることができた。それだけ勉強したという自負が生まれたうえ、専門家にない発想ができるようになったという。だから山中は若い人に対して、「時間は作れる。勉強しなさい」とアドバイスするのである。

伊藤忠商事の丹羽も、専門外まで手を伸ばした一人である。前に述べたように穀物について学者顔負けの勉強家振りを見せた丹羽は、こんどは書籍の翻訳をした。銀の相場師に関する評伝である。一冊あたり一〇〇円ほどの印税で五〇〇〇冊売れたというが、決して金目的ではない。勉強熱心なのである。

やはりこの時もヒマがあり余っていたわけではないから、時間のやりくりには工夫したという。接待で帰った後の深夜や週末などを使い、コツコツと書き貯めていったのである。辞書を引いてもどうしてもわからない単語があると、アメリカ出張を利用して現地で調べたり、とにかく熱心かつ徹底的に勉強した。

「自分が今あるのは、そのとき勉強したことによって判断力がついたからだ」

と丹羽はいう。だから「スペシャリストとして基盤のない人は、絶対にゼネラリストになれない」これが体験から得た丹羽の確信である。

アメリカに駐在したとき、様々な企業のトップに依頼されて通訳を手伝い、「それが後になってとても役立った」と語るのが東芝会長の西室泰三だ。通訳をきっかけにして自分とはまったく無関係の分野に興味を持ち、専門外をいろいろ勉強したのである。もちろん自分の仕事に関しても何かあるたびに勉強した。そうした蓄積によって今日の自分を作ったというわけである。

この三人に限らず、経営トップたちには、若いときに仕事のかたわら自分で勉強の機会を作ってスペシャリストになったという人物は多い。

ただし、勉強というのは机に向かうだけではない。広く世の中を知るために、新聞を読むというのも重要なことである。

よくいわれるが、新聞の情報量というのは膨大なものだ。政治、経済、社会、家庭欄に至るまで、あの大判の誌面、数十ページにわたって新鮮な情報がギッシリ詰まっている。毎日読めば大変な蓄積になる。大事なのは、自分に興味のあるところだけでなく、隅々まで目を通すことである。

それを毎日続けたら、最初はわからないことでも必ずわかるようになる。できれば一般紙だけでも二種類読めば、同じことについて違う捉え方ができる。記事の取捨選択やポイントの置き方など、新聞にもずいぶん色合いの違いがあるからで、その「ズレ」を知ることが非常に有意義だ。

新聞の論調に引きずられるのではなく、自分で考えることが何より非常に大事だし、そうなるために有効なのである。

それから、サラリーマンなら経済新聞くらい読むのは常識だ。業種によっては業界新聞なども読まなくてはならない。そうして、多少浅いなりにでも知識の土台を作っておけば、専門的な勉強をするときに取っかかりがいい。全く知らないアフリカの言葉を学ぶより、英語のほうが馴染みやすいだろう。社会人の常識を養うにも、新聞は偉大な教師になってくれるのである。

政府の外郭団体に出向したり、合弁会社に出向したり、提携先の会社に出向したりというように、違う職場で他の会社の人間と一緒に仕事をしてみることも、自分の会社を客観的にみるいい機会だし、広い人脈をつくるきっかけにもなる。出向の行き先は企業だけではない。業界で組織する協会や団体、財界団体などの事務局で仕事をすることも同じで、いい勉強の機会である。

出向の機会に恵まれなくても、昨今流行の勉強会を積極的に活用すれば、会社のなかでは得られない知識を吸収したり、会社のなかにいては出会えない、いろいろな人たちと知り合えたりする。できることなら勉強会の単なる出席者になるのではなく、勉強会を運営する事務局の仕事をするほうが大きな収穫が得られる。

自分で機会を見つけて学ぼうとすれば、必ず成果は上がるものである。ごく普通の会社生活を過ごしていては身につかないものを習得していくことが、取締役の椅子に近づく道である。

自分をどこまで高められるか

◉一流になるには一流に接すること

日本経済は世界に冠たる存在になった。以前なら海外とつき合いのある企業は商社と一部の大企業だけだったが、いまや中小企業レベルでも海外進出が行われている時代である。取締役になれば当然、海外ビジネスマンとつき合う機会もでてくる。そんなときに仕事しか知らない人間では困ったことになる。

海外のビジネスマンたちは文学や歴史、趣味などの「幅広い話題」をもっている。それがエグゼクティブであり、エグゼクティブの会話ができない者は取締役の肩書をつけていても軽蔑されてしまう。

本人が軽蔑されるだけならまだしも、そういう低俗な人間を経営陣に加えている会社の格まで疑問に思われてしまう。パーティーの席で、日本人ビジネスマンがアメリカ人ビジネスマンから源氏物語や浮世絵のことを尋ねられ、何も知らずに答えに窮したという話はよく聞くが、仕事以外のことを何も知らずに、逆にアメリカ人のほうが日本の歴史や文化について詳しかったのでは、「無知で教養がない」と思われても当然である。これでは海外のビジネスマンと人間対人間の対等なつき合いができない。

国際的な意味での教養人について、キャノン社長の御手洗冨士夫は、

「本当の国際人は、自分の国の伝統や文化、行動様式などをしっかり身につけていなくてはいけない」

と語る。自分のアイデンティティを確立した上で相手の文化を知り、理解できることが大事なのである。それこそ英語がしゃべれても日本語がデタラメでは、テレビに出てくる軽薄なバイリンガルタレントと違わない。「国際理解」は遠いだろう。

これがうまくいかないと先に述べたようなことになるのだが、逆に日本人の立場で見たらどうなるだろう。

たとえばアメリカ人ビジネスマンに、ジョージ・ガーシュインの音楽を誉めようとしたとき、「えーとそれは誰でしたっけ」などといわれたら、「何だこの人は？　アメリカ人なのにアメリカ最高の作曲家を知らないのか」と失望するだろう。

あるいは外国人に真面目な顔で、「日本人はみな刀を腰に差しているのでしょう？」などと聞かれたらウンザリだ。敬意をもてない相手とは良い関係など築けない。自分の国を

よく知り、相手を理解しようとすることは非常に重要なのである。

そもそも教養を磨くということを、単に会話を豊かにしよう、話の種をたくさん用意しておこうなどと「技術的」な意味として受け取ったら間違いである。あくまで人間性を深めることが重要なのだ。東芝の西室泰三は、

「世の中に好奇心を持って、何か面白そうなことがあるから出かけてみようとか、そんなことがあったほうが人間のふくらみがでると思う」

と語る。その言葉どおり西室は、たとえば財務省の政策や予算協議など、社外の色々な場に参加している。「やってみるとこれが結構面白い」からだという。もちろん本を読んだり、コンサートや展覧会などにもせっせと足を運ぶ。「六十の手習いです」と謙遜するが、リーダーになるということは、そういう勉強熱心でレベルの高い人たちとつき合うということである。幅広く自分を磨く努力が必要なのだ。

出張にでたときでも、その地方の美術館や博物館、あるいは名所旧跡くらいは時間を作ってちょっと見てもいいだろう。また、前もって多少勉強しておけば、さらに得るものは何倍にもふくらむ。そうして知らず知らずのうちに蓄積した「ゆとり」が人間の魅力を磨く。そんな人間こそ、リーダーにふさわしいのはいうまでもない。

それから、出張にいったら泊まるホテルや食べる食事は、自腹を切ってでも一流を選ぶべきだ、という人たちもいる。必ずしも〝形の上だけの一流〟がすべてだとは思わないが、一般論として「一流を求めるように普段から心がけるべきだ」というアドバイスに対しては、自分なりの見識をもって念頭に入れておいても損はないかもしれない。

一流のものに接することが一流の品格を身につける唯一の方法だからである。「いいもの」がわかるようになれば「悪いもの」は自然と判別できる。しかし、「悪いもの」しか知らない人間は「いいもの」を見分けることができない。ミサワホームの三澤千代治も、「自分を向上させようと思うなら、常に一流だけと接する心構えが必要である」

と指摘している。「待ち合わせをするなら一流ホテルのティールームを使って、そこに集まっている世界トップクラスのビジネスマンに身のこなしを学ぶ」「デパートへいったなら特選品売り場に足を運んで一流品を見てくる」「まめに美術鑑賞をしていると知らず知らずに自分が磨かれてくる」と、三澤は具体的に一流と出会う方法をあげながら、「一流に接して自然に振舞えるようになったら自分も一流になれた、と思ってよい」

と語っている。二流、三流の人間では出世してもたかが知れている。人の上に立つ人間はやはり一流でなければならないのである。

評論家の長谷川慶太郎は「三術がサラリーマンを駄目にする」という。長谷川は社内研修に呼ばれると、「生活態度を改め、次の三つのことをやめなさい」といって、「麻雀」「カラオケ」「ゴルフ」をやめるように勧告している。この三つは過去のサラリーマンの遊びであり、新人類たちはやらない。

つまり、時代にそぐわない遊びであり、こんなことに時間を浪費しているのは「世捨て人」しかいないはずだ、と長谷川は厳しく切り捨てる。ビジネス最前線で仕事をするのならば、もっと時代に即した発展的な遊びをしなければならない。というわけである。

取締役になりたいのなら、サラリーマンの遊びはやめるべきである。それは現実からの逃避であって、明日への挑戦にはならないからだ。取締役になるということは、「明日の会社」を担う人材でなければならない。それが「今日のウサ晴らし」に貴重な時間を費やしているのでは話にならない。「どうしても麻雀がやめられない」とか「カラオケがやめられない」という人は取締役になることを諦めるしかない。

◉〝得する性格〟に自己改造する

もって生まれた損な性格というのがある。直したほうがいいに決まってはいるが、根本的な性格は簡単に変えられるものではない。ただし、全く変わらないというものでもないだろう。何かのきっかけや働きかけがあれば、望む方向に近づけることはできる。

たとえば小学生などによくあることだが、たまたま特技をクラスで披露して大受けし、それをきっかけに性格がガラッと明るくなったといった例はよく聞くことだ。

樋口廣太郎は「大きな声で挨拶すること」を提唱する。ふだん暗い顔でボソボソしゃべり、挨拶の声も小さいようでは、人に与える印象が悪く、ビジネスマンとして失格だ。しかし、大きな声で挨拶するようになれば、自然と顔まで明るくなり、人の印象も好転する。リーダーとして人の信頼を得ようとするなら、まず明るい行動をとれというわけだ。

自己改造をしなかったために失敗した典型は明智光秀であろう。光秀は能力、実績の上では抜群の人材だった。当時のハイテクであった鉄砲を特技とし、人脈も広く、教養もあった。また、家臣に優れた人材を登用して、領国経営も戦争の手腕も確かであった。つまり、時代の最先端をゆく分野を専門とし、なおかつ一般教養もあり、経営能力も高く、部下も優れていて、営業力もあったというわけである。

これほどの能力があったからこそ、四〇歳を過ぎてから織田家に中途入社したのにもかかわらず、一〇年もたたないうちに近江坂本五万石の大名になれたのである。そして、丹波攻略を任されると、いいつけどおりの期間でそれを達成し、その功績で丹波一国を領有することができた。織田家譜代の重臣である柴田勝家や丹羽長秀たちより先に、一つの国をまるごと自分の領地とする国持ち大名になったわけである。これは出世レースの先頭に躍りでたことを意味する。

しかし、光秀は真面目で誠実である半面、神経質で「ネクラ」な性格だった。それが上司である織田信長の言動に過剰反応を起こし、「俺はうとんじられている」と光秀は前途を悲観して「クーデター」という爆発につながったのである。

光秀の暗い性格はクーデター後にも悪い結果を呼び寄せてしまった。いざクーデターを起こしたのはいいが、他の織田家臣たちが光秀についてこないのである。信長というトップの下で働いているときは、「明智光秀は頼りになる大将」と信頼されていたが、光秀をトップとして信頼できなかったのである。

だから、自分の直轄の部下だった細川忠興や高山右近さえも、ライバル羽柴秀吉の側に回る始末だった。京都周辺を押さえて、一見すると優勢のはずの光秀だったが、山崎の合戦のときに明智軍は羽柴軍の三分の一しか集まらなかったといわれている。

もし、光秀が性格を改造し、「ネアカ」とまでいかなくても、「ネクラ」を脱していれば、本能寺の変を起こしたかどうか。また山崎の合戦で劣勢に立ったかどうか、歴史に「イフ(もしも)」は禁物だが、コチコチの真面目人間から少しは余裕のある性格になっていたら、信長の言動に一喜一憂することもなく、したがってクーデターも起こさず、光秀は信長の天下布武を補佐した最大の功労者として西日本を支配する大大名になっていたかもしれない。光秀は上に立つ人間としてはあまりに神経質過ぎた。その性格を改造しなかったことが身を滅ぼすことにつながったのである。明智光秀は、「損な性格」は少しでも直しておいた方がいいという反面教師である。

さて、人の上に立つ経営者に向いた性格は何かというと、まず第一に明るい性格である。内気で憂鬱な人間では人の上に立つのに不適格だ。なぜなら、下で働く者の士気に悪い影響を与えるからだ。しかし、明るい性格といっても、いつも脳天気で何も考えていないようでは困る。要するに他人がみたら、「元気でほがらかだ」と思うような外見を保っていればいいのである。

日本電産の永守重信は、どちらかというといわゆる猛烈型の経営者である。何でも一番を目指し、部下を叱咤激励してともに泣くという、熱血タイプでもある。常にエネルギーを周囲に発散する元気な人物であるが、人間だから当然、弱気になることもある。

アメリカに出張したときのことだ。体調を崩して病院を訪れると、医者に「調子はどうですか」と聞かれた。「良くないですよ」と答えたところ、「いつも元気ですと答えなさい。経営者がそんな弱気では会社をダメにしますよ」と叱られたというのである。永守はなるほどと感じ入った。そして実際、「ファイン、ファイン」と繰り返すと、不思議に力が湧いてきたという。

どんなときでも後ろ向きの言葉を吐くと暗くなる。すると部下もそれを感じ取る。心理学においては「悲しいから泣く」のではない。「泣くから悲しい」のだといわれている。外見だけでも明るく振る舞うことは、非常に大事なのである。

ミサワホームの三澤千代治はこれまでに二度「死んで」いる。最初はオイルショック後の不況のときである。そのころのミサワホームは最悪の状況だった。三澤は、

「これはオイルショックだけが原因ではなく、世の中が大きな転換期にさしかかっているからだ。これからは安いだけではダメだ。質の追求が必要だ」

と考えたが、いままで自分が「どんどんつくって、どんどん売れ」とハッパをかけてきたのに、ここでまったく反対のことをいいだしても社員が戸惑うばかりだと思案に至った。

そこでひらめいたものは「自分が死ぬ」ことである。社長が死んで交代すれば、会社の

方針が変わっても当たり前である。社員も新しい社長の下で心機一転、新しい方針に全力を出せる。そして、三澤は死亡宣言をだして、二代目社長を襲名し、先代三澤千代治の欠点を洗いださせて、新生三澤千代治の課題としたのである。その後、一九八四年にも三澤はまた「死んで」、三代目に生まれ変わっている。

性格の改造は、「心機一転」というくらいの気持ちの切り替えがないとむずかしい。だから、一度自分が死んだことにして生まれ変わったと考えるのである。それを自分の心のなかだけでなく、他の人にも宣言して、「自己改造」から逃がれられないようにすることも大切である。「自己改造のために一度死んで生まれ変わる」――こんなアイデアを実行するのも面白いだろう。

◉健康管理のクセをつけておけ

取締役レースに勝ち残るために忘れてならないのは「健康管理」である。戦国時代の名将・武田信玄は、晩年、天下統一を目指して甲斐を出発し、東海道を西に進んだ。向かうところ敵なしの勢いで進軍し、徳川家康も三方ヶ原で破った。ところが、残る敵は織田信長というところで病に倒れ、志半ばで没した。

この有名な史実は「どんなに優れた人間でも、健康を害して倒れてしまったらただの人と同じで、リーダーの責を果たせない」という教訓を語っている。

だから、取締役を目指すのであれば「健康」であることに力を注がなければならない。トップを走っている人でも病気で倒れてしまったら、一気に脱落してしまう。つまり、どんなに実績を積み上げ、自分を磨いてきたとしても、病気に倒れて働けなくなってしまったら、それまでの努力は徒労に終わってしまうのである。

病気から再起したとしても、取締役レースに復帰するのはかなりむずかしい。たいがいの場合は病気をして一度レースからはずれたら「失格」である。健康に不安のある人間を多忙で激務の取締役職につかせるわけにはいかないのである。

普段から丈夫で風邪一つひいたことがないという人は、とりわけ他の人の何倍も健康管理に気を使うべきである。普段から身体の弱い人は健康に対して神経質だから、ちょっとしたことでも大事をとるが、丈夫な人は自分の身体の変調を無視してしまい、悪化するまでわからないことが往々にしてある。ときおり、五〇歳代の働き盛りのビジネスマンが突然亡くなり、「あんなに丈夫で元気だった人が……」といわれているのを耳にするが、丈夫で元気な人だからこそ、進んでいる病気に気がつかず、突然命を落とすのである。

仕事ができる人ほど、病気という落とし穴に陥りやすい。責任感があるから不調くらいでは仕事が休めない。また、今まで多少の無理をしてきても平気だったから、「このくらいは大丈夫だ」と思ってしまう。しかし、若いころであれば平気なことでも、年をとると無理がかかる。「俺も年をとったのか」と思いたくない気持ちはわかるが、気持ちだけは若さを保っても身体は慎重に扱わなければならない。

「健康管理」は取締役になってからも重要である。多忙を極め、肉体的にも精神的にも激務をこなしていかなければならないからだ。したがって、取締役になる前から自分なりに健康管理をする癖をつけておくと、後で困らない。実際、経営トップの座にある者はそれぞれに健康管理に気を使っているものである。

最近はタバコをやめる経営者が増えた。また肉食を避けて魚と野菜中心の食生活にするなど、食事に気を使う経営者は多い。どちらも健康に及ぼす影響が大きく、禁煙、そして節食によるダイエットが取締役候補者の必須条件になってきたのかもしれない。

健康維持に何かしら運動をする経営トップも多い。というと、すぐゴルフというイメージが浮かぶが、目立つのは散歩である。三越社長の中村胤夫やシチズン時計社長の梅原誠など、多くが朝早くの散歩を日課にしている。早朝起床型のトップはかなり多い。

散歩ではないが、ジャパンエナジー社長の高萩光紀はウォーキングを続けている。ウォーキング派も結構多く、JTB社長の佐々木隆や、商船三井前会長の生田正治らは一日一万歩を歩く。セブン－イレブン・ジャパン社長の山口俊郎は一万二〇〇〇歩を日課にして、週末には二時間歩くという。またユニ・チャーム会長の高原慶一朗は一駅分を歩き、東レ社長の榊原定征はルームランナーで汗をかいている。

歩くばかりではない。東芝会長の西室泰三はかなりハードで、腕立て伏せ一五〇回、青竹踏み一〇〇〇歩を毎日こなしているし、他にストレッチや朝のラジオ体操を日課にする経営者もいる。経営トップともなると移動は車を使い、普段はあまり体を使わないので、運動不足を補う工夫をあれこれしているようである。一見、大した運動ではなくても、毎日続けていれば健康維持には効果ありだろう。

こうして健康管理することは、取締役レースを走り続けるために不可欠であると同時に、取締役になってからも必要なことでもある。取締役になってから忙しい状況の中で、「どうすれば健康管理できるか」と考えるより、今から自分にあった方法を見出しておくことのほうが賢明に違いない。いずれにせよ、それを三日坊主で終わらせず、毎日続けられる意志の固い人間が、取締役に一歩近づくのであろう。

取締役だけが最終ゴールではない

◉つねに一段階上の視点で仕事にあたれ

人間は、それぞれ抱く目標によって大きな違いが生まれる。取締役になった後も例外ではない。樋口廣太郎は、

「取締役という肩書きだけがほしいという人間は、取締役になった途端、守りに入ってしまう」

といっている。取締役になったらダメになった人というのは、たいてい「取締役になれた、よかった」とホッとしているタイプである。こういうタイプは取締役になることがサラリーマン人生の目標であり、その目標を達成してしまうと、力が抜けてしまうのである。つまり、取締役になることだけに全力を注いできたあまり、取締役の椅子に座ったら目標がなくなり、気力も能力も萎えてしまうのである。

これは受験勉強に打ち込んで大学に入った途端、勉強をしなくなり、遊び回っている大学生と似ている。どちらも「燃え尽きている」のである。

しかし、「燃え尽きた取締役」は企業にとって不要である。また、本人にとっても不幸なことであろう。そうならないためには、取締役を目指しているときから、より高い目標をもっている必要がある。

取締役は出世レースのゴールではない。その上に、常務、専務、副社長、社長と、まだまだレースは続いているのだ。取締役就任は出世レースの道半ばということができよう。

また、こういう考え方もできるだろう。取締役になれた人は経営者として第一歩を踏み出したのであり、それは経営者レースのスタートラインに立ったということである、と。経営者としての人生が始まるこれからが、本当の力を発揮しなければならないのである。それだけに、取締役になったら、なお一層の勉強と努力をしなければならない。

それに役員に求められるものも、これからは今までと違っていくことが予想される。たとえばソニーの出井伸之は、企業というものを「個人のプロフェッショナルが切磋琢磨する場所」と考えている。そして従来の固定した組織の枠組みとは別に、

「一つのプロジェクトごとに最適の人間が集まって、そして終われば離れるという形になっていってもいいのではないか」

ともいっている。いわばアメリカの映画製作に似たシステムである。すると、その場合、

リーダーにもプロフェッショナルな力が要求される。単にゼネラリスト、統括者としてだけでは、存在理由がなくなるかもしれないということだ。

こうした考え方が出井だけにとどまるか、それはわからない。あるいはもっと他の形の要求が役員に向けられていくこともあり得る。いずれにせよ、求められるものは企業によって違う。だから、まず自分が会社の中で何を勉強するべきか、それを見つけることが目前の課題になるだろう。役員になったからといって、安穏としていられない時代なのだ。

コンサルタント会社、マッキンゼー・アンド・カンパニーからアスキー社長に就任した小森哲郎は「視点を高くもつことのできる人材であれ」と説く。取締役に限らず、たとえ若手社員であっても、

「自分が社長だったらこうする。こうしたいと考えよ」

というのである。それも他人事ではいけない。自分自身のこととして、危機感といえるほど切実な感覚で物事に当たれという。「視点」の高い者が勉強をして、そして強くなるのである。

◉こんな人が最後は社長になる

出世レースの最後のゴールは「社長の椅子」である。社長は会社というピラミッド組織の頂点である。その頂点に立って、代表取締役社長として会社を指揮することこそ、現代における男の本懐というものであろう。だが、それだけに社長の責務の重さは大変なものがある。

JR東日本社長の大塚陸毅は、まだ副社長だった頃、松田昌士社長（現会長）からこういわれた。

「副社長の仕事が一であるなら、社長は一〇〇だ」

もちろん、仕事における責任の重さを指している。松井証券の松井道夫も、

「組織の全権を握るべきはトップ一人。そのぶん責任は重い」

といっている。会社の責任を最終的に負うのは社長一人なのだ。そのプレッシャーの大きさは想像を絶するものがある。だから、真剣に考えれば考えるほど、社長のイスに座ることの恐怖は募っていく。誰だってトップになるのは嬉しいけれど、それは反面、転落と裏表の関係にある。「社長が間違ったら引きずり下ろせ」と松井がいうように、出処進退には厳しいものが要求される。

ＵＦＪ銀行頭取の寺西正司が頭取になるときも、「どうしようか、今回は見送ろうか」と迷ったという。最終的に、亡き父の残した「二つあったら困難な道を選べ」という言葉が背中を押したというのだから、決断の重さがうかがい知れるというものだ。

シチズン時計の梅原誠は、社長就任について「寿命が縮みそうでイヤだった」と冗談めかして語る。一般には副社長であれば、最終決定を社長に預けることができる。他の取締役も同様だ。「こんな風に考えましたが、いかがでしょうか」と、最後には逃げる余地がある。

しかし、社長はそれができない。判断の結果がどうなるかわからなくても、とにかく最後の断を下す責任を負っている。社長の仕事は決断なのである。

これほど厳しい状況はない。逃げ場のない断崖絶壁に立って、足を踏み出す方向が右か左かを決めるのが社長の仕事ということである。そして、社長の腰には縄がくくりつけられていて、その縄の先には副社長以下、全社員が結わえられている。社長が方向を間違えれば、全員まっさかさまに転落、ということになる。足元の岩が崩れたり、突風が吹いたりして、社長が崖下に落ちれば全員が落ちる。

したがって、社長は他の取締役以上の判断力と行動力、責任感、そして精神的なプレッシャーに耐えられるタフさが必要である。取締役の責務が人間のレベルとすれば、社長の責務は超人的なレベルであるといえよう。

堤義明は「副社長を一〇年やってもなかなか社長の勉強はできない」といい、「社長にならないとできない勉強がかなりある」という。つまり、副社長を一〇年やるより社長を一年やる方が「社長としての勉強」ができるというわけである。

なぜ堤が、副社長をいくらやっても社長の勉強ができないというのだろうか。それは難問にぶち当たったときに、自分で突破しようとしないからである。「社長のご意見は？」といって逃げてしまうからだと、堤はいう。つまり、副社長は「最終的な判断をする」という社長の一番重要な仕事をしないから、いくら副社長をやっても社長の勉強にはならない、というわけである。

専務として、あるいは副社長として、どれほど有能であっても、社長を務められるという保障にはならない。だから、筆頭副社長を抜いて末席の副社長が社長に抜擢されるというケースが誕生するのだ。社長を務められる人材とは、「最終の決断ができる人」であり、「自分一人で会社を背負う責任感がある人」なのである。

社長を目指そうという人が、そのために特に「これをやらなければならない」という

「これ」はない。取締役になり、専務、副社長と昇進できた人は経営者としてそれ相応の実力を有していると考えていいだろう。その経営能力をより一層磨くことしか、努力する方法はないのだ。ただ、副社長以下の取締役の実力に加えるものがあるとすれば、「最後の決断を一人でできる」という力量をもつことであろう。後は「運」に任せるしかないのである。

社長になった人に「どうして社長になれたのでしょうか」と尋ねると、多くの人が「運です」と答えている。そして、「運」と答えた社長たちの多くは、「社長になろうと思ってなれるものではない」という。それは長いサラリーマン生活を経て社長の椅子に座った人間の実感であろう。「運」といってしまえばそれまでだが、こういうことはいえるだろう。「取締役となって経営に参加した者が責任をもって自分のやるべきことを遂行し、その上で『自分一人で会社を背負える』だけの強さをもち得た人だけが社長になれる資格を有するのだ」と。

（文中の敬称は略させていただきました）

〈主な参考文献〉

『宮崎輝の取締役はこう勉強せよ!』(宮崎輝・中経出版)
『経営の勉強はこうするんだ!』(中経出版編集部編・中経出版)
『はっきり言う　こんな幹部はやめてくれ!』(二見道夫・中経出版)
『こんな幹部は辞表を書け』(畠山芳雄・日本能率協会)
『重役の素顔　重役の条件』(新井喜美夫・講談社)
『乱の帝王学』(守屋洋・PHP研究所)
『人はいかにして成長するのか』(海藤守・PHP研究所)
『三澤千代治の情断大敵』(三澤千代治・KKベストセラーズ)
『経営者人間学』(野田正彰・ダイヤモンド社)
『男の器量』(童門冬二・三笠書房)
『頭をよくする私の方法』(竹内均・三笠書房)
『日経産業新聞/私の役員起用法』(日本経済新聞社)
『DIME』(小学館)
『Voice』(PHP研究所)
『プレジデント』(プレジデント社)

リュウ・ブックス
アステ新書

RYU
BOOKS
ASTI

〔新版〕取締役になれる人　部課長で終わる人

2003年 9 月19日　第 1 刷発行
2015年 8 月 6 日　第17刷発行

著者　上之郷利昭
発行人　佐藤有美
編集人　渡部　周
発行所　株式会社経済界
〒105-0001 東京都港区虎ノ門1-17-1
出版局　出版編集部☎03(3503)1213
　　　　出版営業部☎03(3503)1212
振替00130-8-160266
http://www.keizaikai.co.jp/

装幀　岡孝治
表紙装画　門坂流

印刷　錦明印刷㈱

ISBN978-4-7667-1012-0

編集協力●キーツ・プロダクション